アジアに広がる
日本語教育ピア・ラーニング

協働実践研究のための持続的発展的拠点の構築

協働実践研究会　池田玲子編

ひつじ書房

目次

序章

池田玲子

　2020 年、新型コロナ感染症の世界的な流行は、グローバル化の中の「モノ、コト、人」の様相を一瞬にして変化させてしまった。これまで加速化に拍車がかかっていた世界のあらゆる動きに、その何倍もの力のブレーキがかけられたのである。この衝撃的な出来事により、世界は社会、文化、経済、教育他全てのあり方そのものを変更せざるを得ない状況に陥った。もともと人間の生活にインターネット活用はすでにかなり進んでいたのだが、このように世界中の人々が一斉にネット化の転換に向かい、これを人間の営みの中核にしようとしている状況を、ほんの数か月前には誰が予想したであろうか。在宅勤務、オンライン会議、オンライン出演、オンライン契約などのタームが日常的に飛び交う中、世界的規模で教育分野の「オンライン授業化」が現実となっていった。我が国でも学校教育をはじめ、あらゆる教育の場がオンライン授業を余儀なくされ、「教室」という物理的空間は機能しなくなり、教育実践の場はネットを通じたバーチャル空間に取って代わった。そのため、教室の中でお互いに五感をもって交流してきた教師や仲間たちは、画面という平面世界の中で、感触も匂いもない映像と声だけの存在となってしまった。

　本書がテーマとする協働学習には、ポストコロナ社会へ向かう世界状況での日本語教育が、次には「オンライン授業」の環境下で学び手同士の学び合いをどのように実践するのかという新たな課題が提示されたことになる。おそらく、これから長期的に、対面の学び合いの形態は最も避けるべき方法となるのだが、だからと言って、教育は従来の教師主導の知識伝達型教育へと後戻りすることはあり得ない。なぜなら、学びの目的が常に人と人との関係構築の中にあること、認知の発達が他者との学び合いの中でこそ有効に促進

されることを、人はもう知ってしまったからである。

1 日本語教育の協働学習の背景

　日本語教育にこれまで何度か起きた教育内容や方法論の転換は、常に社会の変動と密接な関連性をもちながら連動するものであった。実際、科学の進歩がもたらした通信・交通の劇的変化は、個々の人やモノの動きに影響するだけでなく、もともとあった組織や集団のあり方にも大きな変革を迫ることにもなった。いわゆるグローバル化の世界的な潮流は、人間社会全体のパラダイムシフトを引き起こし、シフトする現実の中で生きる社会構成員の一人ひとりに対し、今後の自身の生き方を方向づけることになる。そうなると、新たな生き方のための教育は従来どおりであるはずもなく、当然のこと日本語教育もまたパラダイムシフトの対象となる。

　伝統的な教育観に基づく教育は、教師主導、一斉授業、受動的学習などと言われるように、教室の前で講義する一人の教師から学習者へと伝えられる知識が用意され、学習者といえば、伝えられる知識をひたすら頭の中に詰め込もうとする存在だった。日本語教育も同様に、日本語の知識や情報を教師から学習者へと正確に伝えることを目的とした教育に始まった。その後、社会の変化にともない、外国語教育も国語教育もコミュニケーション重視へと大きな転換が迫られることになる。言葉が人と人とのインターアクションの道具であり、人間社会の営みの原動力となっているからである。しかし、いったん固定化した教育概念や教育方法を大きく変革するのは容易いことではない。

　かつて日本語教育は、言語の形（文法・表現形式・語彙・発音など）を重視する考え方に基づき、オーディオリンガルメソッドによる教育方法が全盛を極めた。正しい言葉の形、正し発音を身につければ、言語行為はうまくできるという理念が前提にあった。ところが、言語の学習は、学習者が言語をうまく理解し習得することに目標を定めるのではなく、学習言語による言語運用の可能性を拡大するべきものではないかという批判のもと、その後の外国語教育では言語の形よりも意味伝達の重要性が叫ばれることになる。ここ

に、従来の日本語教育とは、理念も方法も大きく異なる「コミュニカティブ・アプローチ」が登場する。このコミュニカティブ・アプローチへの変革は、当時の現場教師たちの教育実践において大きな波紋を投げかけることになる。自分たちがこれまで確信してきた教育理念や教育経験の全てを揺るがすものとなるからである。

　当時、まだ新米の日本語教師だった筆者は、「もうメソッドではなく、アプローチだ」という声に理由もなく惹かれていった。このアプローチについての日本語翻訳の論文や参考書はごくわずかしかない中で、やっと手にした書『日本語教育におけるコミュニカティブ・アプローチ』（岡崎敏雄・岡崎眸 1990）を何度も読んだ。しかし、メソッドとアプローチの違いは何か、なぜ言語の形より伝達することの意味が重要なのか、頭では理解したつもりなのに、どうしても自分の実践に結びつけられないもどかしさを感じていた記憶がある。

　自分の授業を具体的にどう変えたらいいのか、これまでの経験知にとらわれない「新しい学習活動を作る」という課題に振り回されながら、当時は日々迷走していた。確たる教育観を持たない日本語教師だった筆者は、この先もただ職場で割当てられた授業時間をこなしていくだけの教師になっていくことへの不安をもっていたからだった。当時、筆者と同様の思いを抱く若手の日本語教師たちは、やがて次々と自らの実践を改善していくために、現職者対象の教師教育の場に足を運んだり、仲間の教師たちと共に検討し合う場をもったりして、それぞれが自らの実践について研究する場を探り出すようになる。

　細川（2014）は、「実践研究とは、さまざまな活動を通して、自分にとって教育実践とは何かを問う活動であると言える（細川 2014：17）」と定義している。自分の実践に疑問を持ったとき、あるいは他の教師や学習者から何かの指摘やサインを受けとったとき、実践の課題が目の前に浮かび上がってくる。そして、日本語教育実践の研究を実践現場の教師自らが取り組むことになる環境ができたとき、そこに教師たちの協働学習の場が展開されることになるのではないだろうか。日本語教師たちが自らの実践を対象とした授業

改善のために協働する場を恒常的に作っていこうとするのが「協働実践研究」であり、そこで検討される学習者のための教室実践を「ピア・ラーニング（教室の協働学習）」と呼んだ（池田・舘岡 2007）。

2　協働学習の必要性

　協働学習とは何かと言えば、「学び合いの学習」「創造的な学習」「学習者主体の学習」「社会的な学び」などと言い換えられる。協働学習の学びは、単に個人の中の知識や情報を増やすことだけを目的とはしていない。協働学習は、獲得した知識や情報を他者と共有し、これらを手掛かりに他者との関係性の中で協働して課題に取り組み、新たな解を創り出そうとする学びである。では、こうした学び合いの創造的な学習が、近年の世界規模の教育改革の中ではどのような意義をもつのか。

　現代社会の変化はますます加速度を増しつつある。この現実の中で人々が生きていく上で必要な能力とは、誰にも同じく用意された知識情報を頭の中に取り込み、自分で整理し、必要ならば更新していくだけの学習能力ではもはや不十分なのである。なぜなら、人はコンピュータを使いこなすことで、何年もかけて獲得していくはずの情報収集能力も整理能力も更新や伝達さえも可能にしている。しかも、コンピュータを使いこなす能力は、従来の学習にかけた時間とはくらべものにならないくらい短いのである。しかしながら、人がもつ能力をコンピュータが代替できるのは、そのごく一部に過ぎない。IT の発展により人は従来に比べ便利で効率的な生活が得られるようになった。しかし、同時に IT の駆使だけでは解決不可能な課題を社会的能力によっては可能なのだということに気付き始めた。グローバル化は世界のあらゆる知を集約・共有し、さらに発展させる可能性をももつ。だが、同時にグローバル社会の形成プロセスには、これまでに例を見ないほどの高度で複雑な課題が次々と生じてきている。それは、グローバル社会の構成員は、歴史、文化、価値観の異なる者同士で成っているからである。では、この高度で複雑な問題の解決に必要な能力とはどのような能力なのか。それは、人が生まれながらにして他者との共存のために持たなければならない能力であり、他

者との共存環境の中で日々発達させていかなければならない「社会的能力」ではないだろうか。

　ところが、従来の教育現場では、認知の発達のみに視点がおかれ、認知の発達と社会的能力の関係に基づいた教育のあり方に着目することはなかった。従来の教育では「学び」は、あくまで個人の認知の発達を指すものと考えられ、他者との社会的関係の中の学びの教育の実践方法については追究されてこなかった。

　グローバル化が進む現代社会においての教育は、あらかじめ用意された知識・情報の伝達を目的としたものであってよいはずはない。教師や教科書だけが発信源となった知識・情報では不十分なのである。目まぐるしく変化する現実社会を生きていく人間のための教育として適していないからである。では、現代社会に求められる教育とはどのような教育なのか。予測不可能な現象が常に展開し、新たな問題が常に生じている現実を生きるための教育であろう。ここに求められる人の能力とは、迅速に大量の情報を獲得し、整理した上でそれらの中から必要なものを瞬時に選択し、これをもとに新たな課題に対処する手段や策を自ら創り出す能力だといえる。大量の情報の獲得と処理、複雑高度な問題の発見と分析、解決方法を創造する能力であり、もはや人間個人に求められる能力などではない。つまりは、こうした能力は、人と人との社会的関係の中でしか育成できない能力だと考えられる。

　ここに、他者との学び合いの学習方法であり、人の創造力を発達させる協働学習の意義がある。自分と学び合う他者のことを自分とは異なった知識・情報をもつ存在として尊重し、他者との対話のプロセスから互いに情報共有部分を拡大すると同時に、互いの創造力を出し合うことで、各自の課題解決、両者の共通問題の解決を可能にしていく。この学習のあり方が協働学習なのであり、現代社会を生き抜く人間に必要不可欠な能力の育成を可能とする学習のあり方だと考えられる。

3　日本語教育の協働実践研究の課題

　世界に分散している日本語教育が、今後の世界的な教育変革に対応してい

くために、海外現地の日本語教育実践者たちに課される課題とは何か。それ
は、実践者が日本語の学び手の将来を取り巻く環境を見通して自らの教育実
践の改善・開発を目指し、世界的視野をもって取り組む課題である。すなわ
ち、教育のパラダイムシフトの中にいる教育実践者たちに必要なのは、新た
な教育実践を自ら研究し、創造していくための「実践研究力」をもつことだ
といえる。では、海外の日本語教育実践者たちはこうした「実践研究力」を
いつ、どこで、どのようにして開発していくことができるのか。

　現在の教育実践者たちが抱える課題は、もはや単独で取り組めるようなも
のではない。また、短期間の取り組みによって解決できる規模の課題でもな
い。そこで、日本語教育の協働実践研究者は、現場の実践者たちが互いの実
践を共有し、協働して研究し合うための「協働実践研究」の体制づくりのプ
ロセスで発展してきた（2010 年協働実践研究会設立 http://kyodo-jissen-
kenyukai.com/）。日本国内での取り組みが研究会設立までにかけた時間は
約 10 年であった。仮に海外の教育現場に同様の体制づくりが必要になった
とき、海外現地の実践現場の環境は日本とは異なるため、単純に日本でのノ
ウハウを適用しただけで実現できるものではないであろう。しかし、一方で
世界的な教育変革の現況からすれば、日本国内よりも多くの学習者を抱える
海外の日本語教育にとっては、従来の教育概念の刷新と新たな教育方法の開
発は喫緊の課題だといえる。だからこそ日本語教育の協働学習は、まずは日
本語学習者を多く抱え、日本と同様に伝統的な教育理念の根強いアジア地域
の教育現場での取り組みを優先課題としたのである。

4　協働実践研究のためのグローバルネットワーク作り

　日本国内で実施される第二言語としての日本語教育に「協働学習：ピア・
ラーニング」が提案されたのは 90 年代後半のことであった。以後、2000 年
以降からは、日本のプロジェクトメンバーたちは日本語教育の協働学習の提
案を海外の日本語教育へも発信してきた。中南米（ブライル、ペルー、コロ
ンビア、メキシコ）、東アジア（中国、台湾、韓国、タイ、モンゴル、マ
レーシア、インドネシア、ベトナム、インド他）、中央アジア（キルギス、

6

ウズベキスタン）、豪州、東西ヨーロッパ（フランス、イギリス、ベルギー、ドイツ、ロシア）など、海外の日本語教育現場の実践者たちとの対面の議論の場を通じて伝えてきた。これは協働実践の概念に則ったことであり、海外現地の実践者と共に現地の教育環境に基づいた教育実践を検討しようとしたからである。協働学習はかつての「メソッド」といわれた固定的な教育方法を提示するものではなく、明確な教育概念に基づく実践を推進するものであり、アプローチ以上の具体的な実践を生み出すことが可能なものであるという理解を共有した上での提案としてきた。

　本書に掲載した論文は、日本で提案された日本語教育の協働学習の実践研究を海外、とくにアジア各地域において推進していくためのプラットホーム構築に関する研究活動の経緯と現在までの進捗状況を報告する内容である。

　現在までのところ、本活動の成果が顕著な地域は 3 地域である。たとえば、中国拠点（中国協働実践研究会）では、独自の企画運営による教師研修の場の創出や海外拠点との連携を実現してきた。さらに、2015 年には協働学習の実践研究のための研究書の出版をも行った。今後の持続的な発展が期待される段階となっている。台湾拠点（台湾協働実践研究会）も定期的な国内研修の実施に加え、海外拠点との連携を活発に行い、2019 年 6 月には中国に続き協働実践の研究書を出版するに至った。さらに韓国拠点（韓国協働実践研究会）は、国内の他研究会との連携、教師研修の実施、そして、2020 年 1 月には協働学習の実践のための手引書の出版に至った。

　その他のアジア拠点でも独自の展開が見られる。モンゴルでは、他の外国語教育分野との協働による実践研究へと発展させている。タイやマレーシア、インドネシア、キルギス共和国でも、現地の実践研究者たちの企画による日本語教師のための研修会の開催や研究大会、さらにはアジアの他の拠点との合同研究活動も行ってきた。

5　本書の概要

　本書は、日本語教育の協働学習の実践研究をアジア各地域に推進していくためにアジア各地域にプラットホームを構築することを目的とした研究活動

の成果をまとめたものである。本書は14章で構成されている。

【第1章】協働学習（ピア・ラーニング）は、90年代後半に日本で第二言語としての日本語教育に提案された。この提案の背景には二つの理由がある。一つは、急速なグローバル化を呈していく社会では、文化や価値観の異なる者同士の持続的発展的な共生を可能にする社会的能力が必要だからである。言語は人間関係を構築し、社会を形成する重要な道具であるため、日本語教育には多文化共生のための社会的能力育成の課題が課せられた。もう一つには、これまでの学習研究の成果から、従来の知識伝達教育よりも他者との学び合いの教育のほうが認知の発達に効果であることが実証されたからである。ここに他者との社会的関係構築の能力育成と認知の発達に効果的だとされる協働学習が提案されたのである。グローバル化も人間教育の目的も世界共通のものである。したがって、日本語教育の協働学習を海外に向けて発信することには大きな意義がある。

本章では、日本語教育の協働学習の定義として、協働の五つの主要概念要素を解説した上で、協働学習を支える五つの理論を取り上げて解説した。最後に、日本で提案した協働実践研究を海外の外国語としての日本語教育現場に発信していくプロジェクト研究の意義と概要を述べた。

【第2章】本章は協働実践研究の海外拠点構築を促進させる要因を探った研究である。社会科学研究分野の二つの先行研究の分析方法を援用し、①現地キーパーソンの存在、②現地教師の関係性、③現地の協働学習に対する理解状況の三つを観点とし、海外拠点構築のプロセスを分析した。対象地域は、フランス、ロシア、メキシコ、ウズベキスタン、キルギス共和国である。分析の結果、海外拠点の確立には三つの要因の全てが必要であるといえた。

【第3章】本章では、日本語教育の教師研修が、研修講師が参加者に対し内容を一方的に提供する研修のあり方から「対話型教師研修」へと移行していく経緯と、こうした研修が海外の日本語教師たちに対しどのような意味をもつかについて述べている。海外の日本語教師たちには研修の機会が限られているため、構成員である教師たちが互いに学び合う「学び合いコミュニティ」のような自律的かつ継続的な研修の場は重要となる。それまで分散し

ていた教育現場の各教師たちの単独の取り組みが、やがて教師コミュニティ
へと形を成し、そうした教師コミュニティが継続性をもって発展する可能性
をもつことには大きな意義がある。

　【第4章】本章は、2010年に中国北京に設立した協働実践研究会の代表者
による北京拠点設立までのプロセスの記録である。中国で北京に最も早く協
働実践研究の拠点を設立させることができた背景には、代表者自身の過去の
日本留学経験が大きく影響していた。本章の筆者は、日本で提案された日本
語教育の協働学習の概念は、中国のこれまでの教育の歴史を勘案した上で、
そのまま適用するには無理があると判断した。そこで、北京の協働実践研究
者らは、現場の実態を十分に調査検討した上で、まずは「互助型協働学習」
を明確に位置づけ、ここから次の段階として「創造型協働学習」への移行の
可能性を探求することにした。

　【第5章】本章は、台湾協働実践研究会の主要メンバー3名による報告で
ある。2010年に日本と同時期に設立した台湾拠点設立から、その後の活動
プロセスを紹介している。台湾拠点では、設立からまもなく組織運営上に支
障が生じ、拠点活動の停滞期、葛藤期を迎えることになる。しかし、こうし
た期間を経て台湾独自の協働実践のあり方を模索し、その後は活発な活動を
展開してきた。今後は、協働実践研究を日本と線的に繋がる海外拠点のあり
方を越えて、面的に他の海外拠点とも活発に繋がることにより、外国語とし
ての日本語教育の協働実践研究を、より独自性をもったかたちで展開しよう
としている。

　【第6章】本章は、韓国拠点の代表者の報告である。ソウルに設立した韓
国協働実践研究会は、2010年設立当初は少人数の勉強会から開始し、今日
まで徐々にメンバーを増やしつつ、各自が属している他の研究学会と有機的
なつながりを作りながら活動してきた。本章では、韓国協働実践研究会がこ
れまでの研究活動の中でもってきた問題意識をもとにした共著本の執筆・出
版の取り組みの実際と、この書に込めた研究者たちの意図するところを解説
した上で、手引き書としての意義を踏まえ、その有効活用に向けた韓国協働
実践研究会の今後の展望を述べた。

【第 7 章】本章は、タイ拠点の代表者の報告である。現在、タイの教育界全体にアクティブ・ラーニングが推奨されているものの、現場では、政府からの「丸投げ」の方針に対し、教師たちは混乱に陥っている。タイでは教師主導、結果主義の教育理念が根強いため、この改革は遅々として進まない。ところが、バンコクの協働実践研究会拠点が提案した協働学習に対し、教師らの関心は高かった。これまでタイの日本語教育現場では、日・タイ教師によるティーム・ティーチングが一般的であることから、まずは現地の日本人教師が協働学習を理解し、積極的に取り組む意欲をもつことが課題となる。

【第 8 章】本章は、モンゴル拠点の代表者からの報告である。モンゴルでは 2010 年に初めてウランバートルにおいて日本語教育の協働学習が紹介された。つづく 2012 年には、日本の協働実践研究会メンバー3 名がワークショップ形式で協働学習を紹介した。これを契機に、モンゴル国立教育大学とモンゴル国立大学の教師らによる「モンゴル協働実践研究会拠点」が設立した。その後、協働学習は、現地の日本語教師だけでなく、英語、中国語、韓国語、ロシア語、ドイツ語など他の外国語教師たちをも巻き込むかたちで、モンゴル独自の協働的取り組みによる実践研究を展開させてきた。

【第 9 章】本章は、マレーシア拠点の代表者による報告である。マレーシアは多文化社会ではあるものの、「対話のプロセス」を取り入れた教育はこれまで行われてこなかった。本章の筆者が日本語教育の協働実践を開始した 2012 年当時は、協働学習に関する論文はごくわずかだった。2012 年クアラルンプールでの協働学習の講演の後、2014 年の協働学習をテーマとした教師研修会（ワークショップ形式）の開催を企画した。これに先立ち、代表者を中心にマレーシア協働実践研究会が設立され、「論文輪読会」、「ワークショップ」を実施し、クアラルンプール拠点での教師研修会の開催へとつなげた。マレーシア拠点における協働実践研究会活動の特徴として、日本人教師と現地人教師とのバランスのよい参加を実現している点があげられる。

【第 10 章】本章は、インドネシア拠点の代表者による報告である。2014年度にジャカルタで開催した教師研修会は、日本から 3 名の協働実践研究会メンバーが研修を実施した。これを契機として翌年 2015 年に「ジャカルタ

協働実践研究会」を設立させ、半年後には国際交流基金との共同開催で「日本語教育のピア・ラーニング研修会」の実施へとつなげることができた。つづく 2017 年には、バリでの「日本語教育国際大会」において「協働実践研究会インドネシア拠点構築」の報告を行い、2018 年バンドンで開催された日本語教育セミナーでは、ジャカルタ拠点のメンバー2 名が日本語ピア・ラーニングの実践を発表するなどの活動を報告している。

【第 11 章】本章は、日本の研究プロジェクトメンバーと台湾のメンバーによる共同研究論文である。台湾での 3 日間の対話型教師研修では、教師たちに実践に対する深い水準の内省を促すことで実践のための有効な観点の発見につなげることを目指し、「ティーチング・ポートフォリオ」を組み込んだ内省活動を実施した。この研修に参加した教師の内省データの分析からは、「理念と方法の整合性」、「成果とエビデンスの妥当性」、「実践研究へのつながり」の観点が見えた。ここから、「ティーチング・ポートフォリオ」が教師たちに深い水準の内省を促す可能性を考察した。

【第 12 章】本章は、台湾の研究会メンバーと日本の研究会メンバーとの共同研究論文である。台湾の日本語教師たちは協働実践研究にどのような認識をもっているのかを探るために、2014 年台湾で開催された協働学習研修会において参加教師たちが書いた研修課題としての記述を質的に分析した。その結果、台湾の日本語教師たちは協働学習への不安と期待の相反する思いを持っていたことが分かった。この結果を「協働学習に対する期待と不安の概念図」として提示した。

【第 13 章】本章では、協働学習としてのケース学習に関する海外での日本語教育研修の内容とこの研修が果たした海外ネットワーク構築、その後の広がりと変容について報告している。とくに、ベトナムでは日本語学習者や日本で働く労働者の送り出しが急増している。ベトナムの日本語教師たちは、ケースの中の異文化衝突場面を自分自身の現実に引きつけて捉えていたことが分かった。その後、ケース学習をテーマとする教師研修はアジアをはじめヨーロッパへも発信し、協働実践研究の海外ネットワークを拡大しつつある。

【第 14 章】本章は、中国北京協働実践研究会メンバー2名の論文である。

11

筆者ら自身がこの運営に携わってきた過去 4 年間を振り返り、このプロセスで得られた個人の学びについて記述している。研究会活動としての勉強会は、「協働」の実践の「実験場」としての機能をもち、ここで新しい試みを「失敗」も含めて試せる場として位置づけてきた。こうした協働実践活動の 4 年のプロセスで得た学びは、「ファシリテーター」の役割の重要性であり、もう一つには、「学びのコミュニティへの試みには終わりがない」という認識だった。

　以上、本書には 14 の論文を収めている。
　日本語教育協働学習（ピア・ラーニング）は、海外ではそれぞれの地域にそくした独自のあり方を模索しながらその意義を明確にしてきた。海外各地域の実践者自身が他の教師たちと協働しながら自ら学びの場を作り出し、具体的な実践のあり方を協働研究していく。こうした海外の実践研究の発展のために、日本からはどのような形で、どこまでの支援・アプローチが必要なのか。また、その有効性についての示唆を本書は提供している。ここで、海外各地域での実践研究のための拠点構築プロセスが明らかにされることで、今後は協働実践研究のみならず、他の新たな教育概念や実践の提案を、海外へと発信していく際の参考事例を提供したことになる。しかし、今現在、世界全体が混沌とした中で、果たして協働学習はどのように実現し、そこから何を生み出していけるのかが改めて問われているともいえる。その視点からも、本書は人の学びと、人と人との繋がり、社会的関係の構築の意義を世界的視野で追究していくためのきっかけとなる書となることを願いたい。

参考文献

池田玲子・舘岡洋子（2007）『ピア・ラーニング入門―創造的学びのデザインのために』ひつじ書房
岡崎敏雄・岡崎眸（1990）『日本語教育におけるコミュニカティブ・アプローチ』凡人社
細川英雄・三代純平編（2014）『実践研究は何をめざすか―日本語教育における実践研究の意味と可能性』ココ出版

第1章

日本語教育の協働学習（ピア・ラーニング）
－定義と基盤理論－

池田玲子

1　教育のパラダイムシフト

　日本では、2012年8月に出された中央教育審議会答申に「新たな未来を築くための大学教育の質的転換に向けて一生涯学び続け、主体的に考える力を育成する大学へ」の文言が掲げられ、これにより大学の質的転換が推進されることになった。ここで教育現場に向けて示された「アクティブラーニング」のタームは、今後のグローバル社会を見据えた日本の教育全般の新たな方向性を示す概念用語となった。答申では、アクティブラーニングは「学生が主体的に問題を発見し解を見いだしていく能動的学修」を意味するものとし、「個々の学生の認知的、倫理的、社会的能力を引き出し、それを鍛えるディスカッションやディベートといった双方向の講義、演習、実験、実習や実技等を中心とした授業への転換」の策であると説明されている。これ以後、日本では、主体的・協働的な学びの中で起きる問題発見・解決の学びの経験を提供するものとしての教育のあり方が注目されることになる。

　「アクティブラーニング」は、当初、大学教育改革の指針に使用された用語だったのだが、その後は高等学校、中学校、小学校の各教育現場にも推進されることになる。この背景には、未だ多くの教育現場で伝統的な教師主導の一斉授業による知識伝達型教育が主流となっている事実がある。こうした知識偏重の教育では、学習者の主体性は重視されず、教師が学びの場の全てを管理してしまうことになる。これを変革する意味での「アクティブラーニ

ング」ではあったものの、実際には、現場教師にも学習者にも馴染めず、実態のない用語として周知されてしまった。それは当然の現象なのであろう。なぜなら、今の現場の教師たちは、伝統的な教育のもとで何の疑問ももたないまま、おそらく模範的な学習者であり、成功者であったのだから。つまり、アクティブラーニングへの改革の最大の焦点は、まずは現場教師のもつ認識をいかに転換できるかにあるといえる。この点に関して審議会答申の中では「学士課程答申で指摘されているとおり、研究という営みを理解し、実践する教員が学生の実情を踏まえつつ、研究の成果に基づき、自らの知識を統合して教育に当たることは大学教育の責務である。教育と研究との相乗効果が発揮される教育内容・方法を追求する」とある。これまで教師たちは、教室の学習者を管理することを自分の役割だと認識してきたのだが、今後は学習者を取り巻く現在と将来の社会環境の変化を見据え、教師自らが自身の教育実践を問い直し、今後の実践をどうするのかを模索していかなければならないことを意味している。

　日本語教育の実践者たちも改革が迫られる当事者であることに違いはない。しかし、日本語教育においては、アクティブラーニングと方向を同じくする「協働学習」の提案がすでに 2000 年以前にはなされていた。その意味では、日本語教育は日本の教育全体の中でグローバル化への転換をいち早く取り組んでいた分野だといえる。実際、学習者主体の教育、学び合いの協働学習（ピア・ラーニング）は現在までに多くの現場での実践をもとにした実践研究が報告されている。

　本稿では、まず日本語教育の協働学習提案の経緯について述べる。また、この実践を海外の外国語としての日本語教育へも発信し、これと同時に他分野の教育へも応用展開してきたことについても報告する。次に、日本語教室の協働学習として提案したピア・ラーニングの学習概念と定義を述べた上で、ピア・ラーニングを支える学習理論について解説する。

2　日本語教育の協働学習（ピア・ラーニング）の展開

　日本語教育では、2000 年頃から日本国内の日本語学習者の多様化現象や

定住外国人拡大化の政策を受け、参入側の外国人だけでなく、受け入れ側の日本人をも対象とした「多文化共生社会のための日本語教育」（岡崎 2005；岡崎 2007；池田 2008a 他）が提唱されるようになった。日本語教育の協働学習（ピア・ラーニング）はこうした背景の中で提案された。日本語協働学習の実践研究は 2000 年前後から始まっている（池田 1999；舘岡 2001；金 2008；房 2010 他）。2007 年にはピア・ラーニングの入門書も出版され、これ以後、教室の協働学習である「ピア・ラーニング」の実践研究はさらに進むことになる。しかしながら、多くの教育現場では依然として言語の形の習得を中心とした教育が継続されたままであり、ピア・ラーニングの本質を追求すべき現場の状況からみれば、その発展は順調とはいえなかった。教育現場においてピア・ラーニングへの転換を阻むいくつかの要因があるとすれば、現場教師の確信を形成する教育観もさることながら、個々の学習者が母国で培ってきた学習観や学習経験も大きく作用しているであろう。とくに成人学習者ほどその傾向は強い。そのため、日本語ピア・ラーニングについては、日本語教育学会が当時実施していた複数の現職教師対象の研修（短期、オムニバス、集中など）や特定大学の日本語教師対象の研修、その他様々の日本語教育機関開催の研修の場で紹介されてきた。これと同時期に、日本語教育のピア・ラーニングは日本語教育分野を越えて他分野の教育へも応用展開してきた。

2.1　他分野の教育への応用

　日本語教育の協働学習は、協働実践研究者自らが他分野へも応用の試みを行ってきた。まず、大学の共通基礎科目としての「日本語表現法」での応用事例がある。大学でのアカデミック・ライティングの授業を文章構成法や記述ルールを覚えることを中心とした従来の授業から、批判的分析的読み手の育成、読み手の視点を持った書き手の育成を目的としたピア・ラーニングによる表現法授業の開発を試みた（大島・池田他 2005；池田 2009a 他）。また、筆者自身は新たな教育分野として認知されつつあった「水圏環境教育」への応用も試みた。水圏環境をめぐる多様なステイクホルダーズが多面的視点か

15

ら協働的に学び合い、水圏環境の持続的発展を目指す教育のあり方を開発してきた（池田 2012）。さらに、食品サプライチェーンの安全確保をいかに実現するかを課題とする「食品リスクコミュニケーション」へも協働学習を応用した。食の流通過程で起きるリスクはグローバル化の中で非常に多様化しているため、もはや安全チェックリストだけでは処理できない。食品安全にかかわる様々な分野の人々が協働することで複雑で動的な問題解決に対応できるのである(池田 2008b)。

　こうした応用を試みたのは、これらの分野が日本語教育と同様に複雑な社会的課題と深く関連していたからであった。その後も日本語教育の協働実践はさらなる応用も試みている。とくに近年ではケース学習による協働の学びを企業研修の場や大学でのグローバル教育に応用している。

2.2　第二言語教育から外国語教育への展開

　筆者は 2004 年以後、協働実践研究会の仲間と共に海外での外国語としての日本語教育に協働実践研究を紹介し、現場教師による実践研究の必要性を訴えてきた。海外各地で実施される日本語教育関連の研究大会や教師研修会、特定大学での集中講義などを通じて協働学習（ピア・ラーニング）の意義やその学習効果について紹介してきた。協働学習の概念が多様な日本語学習活動を生み出している実例や、日本語教育から他分野へも応用展開してきた実例を紹介してきた。しかしながら、筆者らの実践や研究情報の提供が、多様な海外事情を呈する各現地に必ずしも効果的かどうかの視点は持ち得ていなかった。多様な海外各地には独自の社会的事情、教育環境があり、協働学習への転換の阻害要因の有無と、それが及ぼす影響については、日本に住む筆者らには到底想像が及ぶものではなかったからである。ただ、筆者らが海外各地域に直接赴き、そこでの日本語教育の現状や日本語教育をとりまく社会事情のごく一部であっても共有することができたとき、協働学習推進の可能性は必ず見出せるという確信をもったことも事実である。こうした筆者らの海外ネットワークづくりの活動をきっかけとして、今日までに海外現地に日本語教師たちによる協働実践のための拠点をいくつか設立することができた。

しかも、それらの中にはすでに海外拠点として独自の教育環境に適合した協働実践研究のあり方を追究するようになった事例もある。こうした海外ネットワーク構築の課題の成果がさらに顕著となったのは、海外拠点において現地の日本語教育実践研究者たちによる、協働学習実践のための研究書の出版にまで至った実例に見ることができる。

　では、筆者自身が考える日本語教育の協働学習、ピア・ラーニングとはどのように定義づけられるのか。次節では、日本語教育における協働の概念と、日本語教育のピア・ラーニングの定義について述べていく。

3　日本語教育の協働学習（ピア・ラーニング）の定義

　本節では、協働学習の基盤となる協働の主要な概念要素を挙げ、それらが具体的に日本語教育ではどのような意味をもつのかについて解説した上で、ピア・ラーニングの定義を述べる。

　筆者は、池田・舘岡（2007）において、日本語教育の「協働」の主要概念要素として「対等」「対話」「プロセス」「創造」「互恵性」（2007：5-8）の五つを挙げた。この五つの要素は、かつて筆者が日本の学校教育の協同学習や認知科学、情報科学、あるいは政策分野など他分野で示されている協働の定義を検討した上で、日本語教育の協働学習を特徴づける要素として特定したものである。日本語教育においてはこの五つの概念要素をもつ学習を「協働学習」とした。ただし、「協働学習」は学習者と教師で構成される「教室」の文脈に限られるものではない。実際、人の学びの姿は社会の様々な場所で実現することができる。たとえば、企業研修や専門職者のための技能研修、生涯学習、自治体など公的な場で企画される場でも協働学習は実現できる。あるいは、何らかの社会的な問題をめぐって利害関係者（ステイクホルダー）が集まる意見交換の場などでも協働的な学びの形態がとられることがある。そうなると、日本語教育や学校教育など典型的ないわゆる教室で行われる授業について議論する際に、その他の協働学習との性質の違いから混乱をきたすことが懸念された。そこで、筆者は「教室」という教育場面で実践される協働学習については「ピア・ラーニング」と呼び分けることにした（池田・

舘岡 2007）。

　では、日本語教育のピア・ラーニングの場合、「協働」の五つの概念要素はどのように解釈できるのか。以下ではそれぞれについて解説していく。

　まず、第一の「対等」とは、学び合いの場における学び手同士の位置づけのとらえ方である。日本語の学び手同士は、各自が日本とは異なる環境においてそれぞれの生活や教育を経験してきた存在であり、そこで培われた異なる能力や資質をもつ者同士である。その意味では、両者はそれぞれ独自の能力と資質をもつ存在であるのだから、お互いがもちえないものを提供し合う関係であり、互いに尊重すべきなのである。つまり、ピア・ラーニングでは、単に学び手を日本語の言語的能力面に限定することなく、学びを広く深く進める上で互いに「対等」な関係性の中で学び合う存在と捉える。第二の「対話」は学び合いの手段を意味する。学び合いの場では、それぞれがもつ知識情報を共有し、共に課題を遂行する。その際、学び手は自らのもつ知識情報や自分の考えや思いを外化して他者に伝える必要がある。対話とは口頭言語、文字言語、あるいは周辺言語をも駆使して情報を外化する行為を意味する。こうした対話は、他者への情報伝達だけでなく、発話者自身が認識していなかった自分の内面を認識する手段ともなる。また、ここでいう「対話」とは一方向的で短期的な情報伝達ではなく、双方向かつ一定のプロセス（時間と機会）を要するものである。この対話プロセスを通してこそ徐々に他者と他者に対面する自分自身についての理解が進み、学び合いが有意義なものとなると考える。こうした対話を形成する「プロセス」を協働の第三の概念要素とする。第四の要素は「創造」である。学び手同士の対話のプロセスでは知識情報を共有することから始まり、課題解決に向かって対話を重ねる中で、共有した知識情報を越えた創造部分を生み出すことが可能となる。この対話のプロセスから生み出された「創造」は、プロセスはもとより、結果も学び手双方にとって新たな意味と価値をもたらし、各自の能力拡大を可能にする。つまり、学び手双方がもとはもち得なかった「創造」部分が、学び合いが生み出す「互恵」と部分となることを意味する。これら五つの概念要素は、当初は筆者の理論考察から仮説として提示したものであったのだが、その後は

18

多くの協働実践研究者たちの実践研究により、これらの概念要素の存在が実証されてきた。

　日本語教育では教室授業として実践される協働学習について、「ピア・ラーニングは、ピア（peer：仲間）と協力して学ぶ（learn）方法です。言葉を媒介として、学習者同士が協力して学習課題を遂行していきます。」と定義した（池田・舘岡 2007：51）。

4　協働学習を支える理論

　本節では協働学習を支えると考えられる五つの理論を取り上げる。ここでは、教育学、発達心理学、社会心理学、生態学、経営学（組織論）といった複数の分野にまたがる理論ではあるが、いずれも人間と人間の営みに関する性質を強く表明するものであり、協働の学び合いを通じた認知の発達と社会的関係づくりの可能性に言及しているものである。

4.1　最近接発達領域（ヴィゴツキーと佐藤公治）

　第一に取り上げるのは、発達心理学者であるロシアのヴィゴツキー（1896〜1934）の最近接発達領域（Zone of proximal development 通称 ZPD）の概念である。ヴィゴツキーによれば、人間には現在の発達水準で判断される能力範囲と他者からのわずかな働きかけによりさらに伸びる可能性の領域があるという。これを最近接発達領域と呼び、この領域の発達を促すための働きかけができるのは、大人や教師のように学び手よりも能力の高い存在だとされていた。しかし、佐藤（1999）は、この働きかけができるのは必ずしも学び手より高い能力の者とは限定できないと主張した。実際の学び合いの場面を観察すると、ほぼ同レベルだとみなされる仲間同士から提供される視点や発想が、特定の学び手に何らかの気づきをもたらし、それが刺激となって学び手の隠れていた潜在能力が発揮される事実が確認できると主張した。つまり、ヴィゴツキーの仮定した「能力」の伸長の引き金となるものの範疇を、佐藤は新たに拡大したのである。確かに、人の能力の中のどこか一部について発達させることの議論であれば、その部分の能力の高低は少なからず影響

力があるであろう。しかしながら、たとえ特定の能力を発達させることが目的であったとしても、その引き金となる要因までが限定される解釈には無理がある。たとえば、外からみれば全く関連性のないような刺激が、学び手の内面の何かと結びつくことによって、予想外の発達につながる要因となった例は誰しもが経験しているのではないだろうか。佐藤の ZPD 解釈であれば、教室にいる一人の教師だけでなく、ほぼ同レベルの発達段階にある学習者同士の学び合いでは、大人や教師では提供できないようなヒントや刺激が出されることがあり、学び手の発達が予想外に促進されることがある。よって、学び手同士の活発な協働学習環境を用意することは、発達の可能性の領域をさらに拡大することになると考えられるのである。

4.2　対話による学び（フレイレ）

　第二の理論は、フレイレが提唱した批判的思考を引き出すための「対話による学びの教育」である。ピア・ラーニングはフレイレが説く他者との対話の中での学びだと考えられる。

　ブラジルの識字教育実践者であり教育研究者でもあるフレイレの理論は、抑圧状況にあったブラジルの農民たちの解放をめざすものであった。彼の主張は、①成人教育では機械的な暗記を避けるべき、②事象に対し批判的意識をもつべき、③事象を俯瞰的に捉え、他の事実との関連性を追求すべきだというものだった。このための教育方法は対話を手段とするとした。このフレイレの理論をもとに Wallerstein(1983)は、アメリカの ESL（English as foreign Language）教室で、南米からの移民を対象とした教育実践に応用展開した。不自由な移民生活を余儀なくされた成人学習者たちが、今まさに抱えている個別の現実問題を教室に持ち込み、その解決のための言語学習をするという授業だった。Wallerstein(1983)の考案した Problem posing は成人学習者教育の新たな方法として広く知られるようになり、1990 年代には日本語教育にも応用された（岡崎・西川 1992；岡崎・岡崎 2001；池田 2008a）。日本語教育では「対話的問題提起学習」と呼ばれ、学び手同士の対話プロセスから学び手自らが現実を認識し、各自の課題解決のために仲間との対話活

動で協働的に課題解決をする学習である。筆者はこの問題提起学習もまた「協働学習」の概念にもとづく学習だと捉えている（池田・舘岡 2007）。

4.3　学習Ⅲレベル（ベイトソン）

　第三の理論は、ベイトソンの「学習とコミュニケーションの階型論」である。ピア・ラーニングはベイトソンのいう第三段階の学習だと筆者は考えている。

　ベイトソンは生物の学習をゼロ学習から第Ⅳ学習の段階まで定義した。この定義は学校場面の教育がどのような学習なのかを捉える上で示唆的である。ベイトソンの解説では、学習Ⅰとは「反応が一つに対し、いくつかある選択肢の中からどれか一つだけが特定される学習」を意味する。つまり、課題に対する解が一つだけあるというタイプの学習である。学習Ⅱとは、1 対 1 の対応にあった学習Ⅰの選択肢が増える段階の学習、あるいは異なる区切り方の対応関係にまで発展する学習を意味する。すなわち、学習Ⅰの集合体と見られるものであろう。学習Ⅲとは、課題と解の対応関係が学習Ⅱまでの領域には見つからない場合に起きる学習段階だという。既存の知識・情報を超える領域に進む学習だといえる。このベイトソンの学習Ⅲについては、後にエンゲストローム（2002:179-187）が「拡張的学習」として解釈している。学び手に示された新しい情報が、学習Ⅱまでの認知段階では理解不可能となり、これまでの範疇に位置づけようとすると矛盾が起きる。このような状況で起きるのが学習Ⅲであるという。つまり、この学習Ⅲは、単なる知識の暗記学習などではなく、情報を収集して整理しようとする段階の理解学習でもない。それ以上の段階にあたるものであり、その段階こそが人間に可能な学習段階だと説明している。

　では、ベイトソンの学習Ⅰ〜Ⅲの定義にピア・ラーニングを当てはめてみるとどうだろうか。筆者は、ピア・ラーニングは学び手が理解してきた学習Ⅱを超えた学習Ⅲ段階に相当するものだと考える。ピア・ラーニングでは、学び手同士が学び合うことで、それぞれがもつ知識や情報が共有できる。個人の視点では各自がもつ知識情報の補完ができる。このことにより、学び手

たちの知識・情報は確実に拡大する。しかし、共有による拡大をしてもなお課題の解決ができない場合、そこに起きる学習こそが「創造」のための学習Ⅲではないだろうか。この創造を目指す学習は、もはや一人では到達困難な学習であり、他者との協働プロセスを通じてこそ到達可能となる。この学習Ⅲ段階がまさにピア・ラーニングだと考えられる。

4.4　他者を必要とする欲求（マズロー）

　第四の理論は、アメリカの社会心理学者マズローの「基本的欲求階層仮説」である。人は必ず他者を必要とする存在であることをマズローの理論は説いており、ピア・ラーニングはまさにその欲求に基づいた学びのあり方だと筆者は考える。

　マズローが登場した当時のアメリカ心理学界では、多くの心理学者たちは精神異常者を対象とした研究が主流だった。こうしたなか、マズローはそもそも正常な人間の精神はどのような特徴をもつのかにこだわり、これを探ろうとした。マズローが提示したのは、正常な人間の欲求には5段階があるという仮説である。例えば、基本的欲求の第一段階は「生理的欲求」と名付けられ、最終段階の欲求を「自己実現の欲求」とした。マズローの仮説は、後の研究者たちにより、次のような階層図で示された。

自己実現の欲求

承認の欲求

所属と愛の欲求

安全の欲求

生理的欲求

図1.1　基本的欲求階層仮説

　図1.1の下から、初期段階の「生理的欲求」と「安全の欲求」は人間個人の精神の基準で満たされる欲求とも見られるが、第3段階の「所属と愛の欲

求」には、明らかに他者の存在が重要な意味をもつ。さらに「承認欲求」では他者が自分を認めることを欲求する段階であり、他者の存在は不可欠となり、その意義はさらに高くなる。ところが、最終段階の「自己実現」では、表面的には他者の存在が見えにくい。ここは議論の分かれるところなのかもしれない。他者の存在が不必要な欲求段階なのか、あくまで他者の存在あっての自己実現欲求なのか。筆者は後者だと考える。なぜなら、人の欲求段階が下層から進んできた限り、途中段階で出現した他者の存在への認識は、それを排除することなく内在化すると考えるからである。他者の価値観を前提とした上で独自の価値観を開発する。よって、筆者はマズローの示した人間の欲求の最終段階「自己実現」とは、他者の存在の認識が不可欠な段階の最高欲求段階であると解釈する。

　では、このマズローの欲求階層仮説に人の学びを重ねてみるとどうだろうか。そもそも人は、その誕生から死までの生において、常に他者と共に社会的に生きていく存在である。たとえば、人が人として生きるために抱える課題遂行の行為を学びに置き換えてみる。まず人は、自分の生命維持のために学びを始める。生命維持のための生理的欲求として、飲食、睡眠、排泄などの課題遂行を行い（生理的欲求）、次にその安定性、持続性を欲求する段階へと進む（安全の欲求）。つまり、安定した自分の存在の意義を模索する。その次の段階として、自分のアイデンティティを確立しようとするのであろう（所属・愛の欲求）。さらに人は、そうした自分自身の存在を他者に承認されたいと願う。自分の存在を肉体的にも精神的にも意味づけ、価値づけたい欲求である（承認の欲求）。やがて人は最終的に自分だけの満足の域に達することを欲求する（自己実現）。人間の学びの行為は、実は人が他者と共に社会的に生きるための学習課題遂行そのものだと考えられるのではないか。

　ならば、他者との協働の学びでは、自己の存在を認識するために常に他者と共におり、自己の存在意義を他者からの承認欲求として求め、他者から得られた承認をもとに自己の存在価値を確認することができる。つまり、マズローの欲求の階層仮説に協働の学びを重ねると、学びとは、人が社会的存在として生きるための学習課題をいくつかの欲求という目標に向かって社会的

手段である他者との協働を駆使して遂行しようとする行為だと言えるのではないだろうか。

4.5　支援学（舘岡康雄）

　第五の理論は、日本の経営学に提唱された「支援学」である。舘岡（2006）によれば、「支援とは互いに関係をもつ者同士がその関係性を変化させながら行為する中で、協力したり協働したりして相手の利益となるよう助ける行動様式」である。舘岡は、現代社会を「他者から奪ったり、他者を管理したりしても、自分の利益を最大化できない世界」とした上で、組織における「管理」と「支援」の考え方の本質的な違いを次のように示した。

> 管理は、自分から出発して相手を変える行動様式
> 支援は、相手から出発して自分を変える行動様式　　　（舘岡 2006:85）

　相手を変える強い力が求められた時代から、相手の要求を自己の課題として自ら新たな力を開発していく時代との違いがある。この「管理」の概念を従来の教育に重ねるならば、従来の教室では学習者たちを管理する役割だった教師は、教師の目指す目標へと眼前の学習者たちを変化させていくという使命を持つ存在であった。これに対し、支援を役割とする教師は、学習者自身が目指すところに自力で進もうとするのをうまく手助けする役割を担う存在である。まさに、支援の行動様式とピア・ラーニングの教師とは重なる。
　すなわち、ピア・ラーニングの教師は学習者がどのような自己成長を目指し、そのために今何を学ぼうとしているのかを探りながら、その学びの手助けをしていく。言い換えるならば、ピア・ラーニングの教師は、学び手自身が設定した目標に向かおうとしているところに伴走しながら適切なタイミングで適切な支援をする存在であるといえる。従来の管理型教師とは対照的である。ただ、「手助け」というニュアンスは、まるで教師の役割を軽視したかのような誤解を生むかもしれない。しかし、実は全く逆で、多様な背景、資質、目的をもつ学習者の学びを支援する技能は、予め指定された内容を効

率よく伝達するための技能とは異なる。予測不可能な学習者の学びのプロセスにおいては、教師は予め綿密な計画で支援の中身を用意しておくことは難しい。もし用意しておいたとしても、学びの場の状況は実に動的であるため、用意したものはうまく機能するとは限らない。教師に必要なのは、その場で起きる現象に適宜対応する能力である。よって、ピア・ラーニング教師の教育能力とは、学習者への支援経験を通じて常に彼らの学びを分析し、学習者視点からの学びの実態を探りつつ支援していく能力であるといえるのではないか。同時に、教師はその支援行為を自分自身の学びとして捉え、多様な対応が可能なように常に柔軟性を磨いていく態度と努力が教師には求められる。

　支援学の考え方はピア・ラーニング教室の教師だけでなく、ピア・ラーニングの主体である学び手にも当てはまる。従来の学習は、学び手が仲間の知識や情報量を競い合い、お互いに奪い合う中で自己成長しようとする学習であり、そこに学習者同士の社会的関係の構築は必要とされなかった。一方、ピア・ラーニングの学習者は、仲間の学びに伴奏する自分と、自分の学びに伴奏してくれる仲間との関係性の中にある。ならば、学び手たちは、相互に相手を承認し、尊重することなくしては、各自の知識・情報の拡大だけでなく新たな創造領域には進めない。このように、支援の概念で協働学習を捉えることで、教師も学習者も学び手として、学びの環境で自分がどうあるべきかが明確に方向づけられる（池田 2009b）。

　以上、ここではピア・ラーニングを支える五つの理論を取り上げてきた。しかしながら、これらはあくまで日本で実践される第二言語教育としての協働学習を前提とした解釈であり、海外での外国語教育としての日本語ピア・ラーニングの実践研究に適合する理論だとは言えないかもしれない。今後、海外の各地域における外国語教育としての日本語協働実践のあり方を模索していくには、これらの基盤理論の再検討が必要であり、海外地域独自の教育環境に適したかたちと意義をもつ協働学習理論の構築を待ちたい。

5 日本語教育の協働実践研究のための仕組みづくり

　日本語教育の協働学習の実践研究については、2010 年 9 月の協働実践研究会設立以来、東京を拠点として国内はもとより海外、とくにアジアの日本語教育への展開を活発に行ってきた。すでに会員数は 329 名となった（2020 年現在）。この協働実践研究会は、日本語教育において協働の考え方にもとづく実践研究を進めていくことを目的とし、次のような具体的な課題を提示してきた。

- （1）教師間の協働、教師と専門家との協働など教育現場における協働の実践研究と理論構築
- （2）ピア・ラーニング（教室の協働学習）の実践研究と理論構築
- （3）上述の研究を進めるためのネットワーク作り（国内外）

　これらの課題のもと、研究会設立以来、今日まで国内はもとより海外でのネットワーク構築をめざす活動に取り組んできた。日本語学習者が海外に多くいることだけの理由ではなく、グローバル化による学習者の移動が急激に高まったからでもある。現在のところ海外の 9 地域において協働実践研究会の海外拠点が設立されている（中国、台湾、韓国、タイ、モンゴル、キルギス共和国、マレーシア、インドネシア、ベトナム他）。これ以外にも何らかの理由で休止中の拠点もあるため、実際にはこれ以上の広がりがある。

　とくに研究会設立当時からあった中国、台湾、韓国の協働実践研究会は、当初数名の勉強会に始まったのが、現在では海外協働実践研究会として独自の活動を展開し、さらには、日本の研究会本部はもとより、他の海外拠点同士との協働にも積極的に取り組むようになった。こうしたアジアの実践研究者同士の協働では、アジア共通の課題の共有と、各地域独自の社会背景や教育環境を踏まえた「外国語としての日本語教育（JFL）」の課題への追究が可能となる。今後、日本語教育がアジアにおける急激なグローバル化現象に対応していくためには、日本を含む海外各地域間の協働を通じた実践研究の必要性はますます高まるであろう。したがって、日本語教育の協働実践がグ

ローバルネットワークを拡大し、常に変化する社会に求められる協働実践研究を追究していくことには大きな意義があると考えられる。

参考文献

池田玲子（1999）「ピア・レスポンスが可能にすること─中級学習者の場合」『世界の日本語本教育』9 号、pp. 2-43、国際交流基金.

池田玲子（2005）「ピア・ラーニング」『新版日本語教育事典』pp. 775－776、大修館書店.

池田玲子・舘岡洋子（2007）『ピア・ラーニング入門─創造的な学びのデザインのために』ひつじ書房.

池田玲子（2008a）「協働学習としての対話的問題提起学習─大学コミュニティの多文化共生のために」細川英雄・ことばと文化の教育を考える会編著『ことばの教育を実践する・探求する─活動型日本語教育の広がり』pp. 60－70、凡人社.

池田玲子（2008b）「食の安全安心にかかわる不祥事にどう対応すべきか？─リスクコミュニケーションがつくる信頼関係」『月刊アクアネット 2 月号』pp. 34-38.

池田玲子（2009a）「2 章　協働的なアプローチで授業をデザインする」大島弥生・大場理恵子・岩田夏穂編著『日本語表現能力を育む授業のアイデア─大学の授業をデザインする』pp. 27-42、ひつじ書房.

池田玲子（2009b）「教室の管理者から学習の支援者へ─ピア・ラーニングの教師の学び」水谷修監修　河野俊之・金田智子編著『日本語教育の過去・現在・未来第 2 巻教師』pp. 133－158．凡人社.

池田玲子（2012）「コミュニケーションの場をつくる」川辺みどり・河野博編著『江戸前の環境学─海を楽しむ・考える・学び合う』pp. 179- 193、東京大学出版会.

池田玲子（2014）「グローバル社会におけるアジアの日本語教育への提案─創造力、社会力の育成のためのピア・ラーニング」『韓国日本語教育研究』2014 年 29 号、pp. 7-23、韓国日本語教育学会.

大島弥生・池田玲子・大葉理恵子・高橋淑郎・岩田夏穂（2005）『ピアで学ぶ大学生の日本語表現』ひつじ書房.

岡崎敏雄・西川寿美（1993）「学習者のやりとりを通した教師の成長」『日本語学』VOL. 12、pp. 31-41、明治書院.

岡崎眸・岡崎敏雄（2001）『日本語教育における学習の分析とデザイン―言語習得過程の視点から見た日本語教育』凡人社.

岡崎眸編著（2005）『共生時代を生きる日本語教育』凡人社

岡崎眸編著（2007）『共生日本語教育学―多言語多文化共生社会のために』雄松堂出版.

金孝卿（2008）『第二言語としての日本語教室における「ピア内省」活動の研究』ひつじ書房.

佐藤公治（1999）『対話の中の学びと成長』金子書房.

朱桂栄（2013）「中国大学日語教育中的協作学習」池田玲子・舘岡洋子編著『日語協作学習　理論と教育実践』pp. 139－230、中国高等教育出版会.

舘岡洋子（2001）『ひとりで読むことからピア・リーディングへ―日本語学習者の読解過程と対話的協働学習』東海大学出版会.

舘岡洋子（2008）「協働学習による学びのデザイン―協働的学習における「実践から立ち上がる理論」細川英雄・ことばと文化の教育を考える会編著『ことばの教育を実践する・探求する―活動型日本語教育の広がり』pp. 41－56、凡人社.

舘岡康雄（2006）『利他性の経済学―支援が必然となる時代へ』新曜社.

中村和夫（1998）『ヴィゴーツキーの発達論―文化歴史的理論の形成と展開』東京大学出版会.

房賢嬉（2010）「韓国人中級学習者を対象とした音声協働学習の試み―発音ピア・モニタリング活動の可能性と課題」『日本語教育』144 号、pp. 157-168.

溝上慎一（2016）『アクティブラーニングと教授学習パラダイムの転換』東信堂.

松下佳代・京都大学高等教育研究開発推進センター編著（2016）『ディープ・アクティブラーニング』勁草書房.

パウロ・フレイレ（1990）『伝達か対話か―関係変革の教育学』（里見実・楠原彰・桧垣良子訳）東国堂.

フランク・ゴーブル著　小口忠彦監訳（2007）『第三勢力―マズローの心理学』産業能率大学出版部.

ヴィゴツキー著　柴田義松訳（2001）『新訳版　思考と言語』新読書社.

ユーリア・エンゲストローム（2002）『拡張による学習―活動理論からのアプローチ』新曜社.

Wallerstein, N. (1983) *Language and Culture in Conflict*, New York:Addison-Wesley Publishing Company.

第 2 章

協働実践研究のための海外拠点構築のプロセス
－拠点づくりに作用する要因－

池田玲子

1 はじめに

　日本語教育の協働実践研究の対象は、国内の多くはピア・ラーニングと呼ばれる留学生対象の日本語教室の実践である。しかし、協働実践研究は日本語教室の実践に限らず、日本語教師養成教育、現職日本語教師研修、外国籍の年少者日本語教育、外国人労働者のための日本語教育など多様な学びの場の実践研究を対象とするようになっている。さらには、日本語教育以外の他分野の学びの場へも応用展開している。こうした日本語教育の協働学習は、やがて国内を大幅に凌ぐ学習者数を抱える海外での「外国語としての日本語教育」でも実践されるようになった。当初はとくに日本語学習者を多く抱えているアジア地域（中国、韓国、台湾、タイ）に協働実践研究を発信してきたが、しだいに東南アジア、中央アジア、ロシア、ヨーロッパからの要請も聞こえてくるようになった。この背景には、グローバル社会の教育全般において教育改革が起こっており、ここに「学び合いの学習」である協働学習の考え方が合致するからであろう。こうした教育改革の動きは、日本同様に伝統的な教育理念の根強いアジア諸地域（中国、台湾、韓国、香港、タイ、シンガポール、インドネシア、マレーシア、ベトナムなど）にも拡大しつつある。つまり、協働の学びはアジアの国々においてもその真価が認められ、これへの転換が進みつつあるといえる。だからと言って、日本国内で開発してきた内容をそのまま海外現地に持ち込むだけで現地の問題が解決できるわけ

ではないであろう。海外の日本語教育の場合、協働実践を進めていく際の阻害要因が日本とは違ったかたちで作用してくることが推測される。では、海外各地域の日本語教育が世界的な教育改革の要請に答えるためにはどのような方策が可能なのだろうか。そのために、日本の協働実践研究の経験は海外の日本語教育にどのようなかたちで関与できるのだろうか。

1.1　第二言語としての日本語教育の協働学習

　日本語教育の協働学習は 90 年代後半に提案され以来、今日まで実践・研究とも増えつつある。当初は日本語作文授業（池田 1999a・1999b・2002；広瀬 2000・2012；原田 2006a・2006b；岩田・小笠 2007；劉 2009）や読解授業（舘岡 2001・2005）、発音学習（房 2004）を中心とした技能学習での実践研究が中心だった（池田・舘岡 2007）。その後、学び合いの学習に重要な意義をもつ内省活動（金 2008）も提案され、さらには、専門日本語教育としてのビジネス日本語コミュニケーション教育（近藤 2007）や日本語教育実習（平野 2007）、異文化理解教育（池田 2008a；杉原 2010）、介護看護の日本語教育にも協働学習が応用されるようになってきた（池田他 2018）。一方で、日本語教育の協働学習は他分野への応用も行ってきた。たとえば、大学の基礎教育としての「日本語表現法」、いわゆるアカデミックライティング教育に日本語教育の協働作文学習活動である「ピア・レスポンス」が応用され、従来型の教師による文章添削指導のみの授業方法に新たな方法を提示した（池田 2007；池田 2009）。また、「水圏環境コミュニケーション教育」への応用では、持続可能な発展を目指す海や河川のあり方を課題とし、水圏環境をめぐる多様なステイクホルダーズが集まる協働の学びの場の創出が目指されるようになった（池田 2012）。さらに、「食品リスクコミュニケーション」への応用は、食のリスクについて科学者と消費者とが食についての情報を共有し、協働することによってリスク回避や食問題の解決策を生み出そうとするあり方を打ち出すことになった（池田 2008b）。最近では、ビジネス日本語コミュニケーション教育で実践されている協働学習としての「ケース学習」を、外国人労働者の雇用や海外展開をするグローバル企業向けの企業研修に

応用する試みもある（近藤・金 2010；金 2018；近藤・金・池田 2019 他）。また、ケース学習をグローバル教育にも応用し、海外研修プログラムの事前研修での異文化理解学習として応用する試みもある（池田他 2019）。

1.2　海外の外国語教育としての日本語教育への発信

　日本語教育の協働実践は海外へも積極的に発信されてきた。2004 年以降現在まで、筆者を含む日本の協働実践研究プロジェクトメンバーは、海外諸地域に赴いて現地の日本語教育関係者を対象とした教師研修や講演、ワークショップを開催してきた。その成果もあり、現地での実践研究は増えつつある。とくに、台湾、中国、韓国ではここ数年間で、にわかに協働学習への関心が高まり、現在では現地特有の教育事情を踏まえた独自の協働実践研究が報告されるようになった（砂川・朱 2008；倉持 2009；金 2011；羅 2009；池田 2014；池田・舘岡 2014；台湾協働実践研究会 2019；韓国協働実践研究会 2020 他）。こうした国々の動向をみるに、海外各地域の日本語教育にも変革の波が着実に押し寄せていることが分かる。ただ、海外の日本語教育が協働学習の実践を推し進めていく過程には、少なくとも二つの障害が待ち受けていると予想される。その一つは、伝統的な教育制度や理念が根強く残る教育現場そのものである。もう一つは、現場の教師たちがもつ従来型の教育観である。これらは一見すると日本と同様の障害のように捉えられるが、実は海外各地域の教育制度の現在を比較しても、過去からの変遷を見てもそれぞれ異なっているようである。ゆえに、たとえ国や地域で変革の方向性が明確にされ、それに向かう体制づくりも開始したとしても、肝心の現場教師たちのもつ教育理念や確信を変革することは容易なことではない。教師たちが過去の学習経験や教育経験から形成してきた教育理念や確信を変えるには、教師たち自身にとって大きな痛みを伴う努力が必要となるからである。

1.3　海外の日本語教師たちのおかれる環境

　海外の日本語教師たちが協働学習や協働実践研究を知るきっかけは、筆者のような実践研究者が現地へ直接赴いて講演やセミナーを開催する場に、参

加者として参加したというのが一つ考えられる。しかし、そうした機会には参加することができず、文献を通してしか知る手段がない実践者たちも少なくない。筆者らが講師となった海外日本語教師研修会では、すでに現地で協働学習を実践している教師たちに出会うこともある。彼らのほとんどは文献を通して協働学習に関心をもち、自分なりに工夫し実践を試みた教師である。なかには、日本で開催されたセミナーや研究会にわざわざ来日までして参加した教師や、日本留学中に協働学習を知ったという教師もいるが、このような事例は極めてまれである。

　海外の日本語教育の実践現場は、日本語学部や日本語学科が設置されている場合以外は、日本語教師1人だけという職場環境が多い。別の専門をもつ日本人教師が日本語担当であることも珍しくない。そのため、せっかく自分で協働学習を試みたもののうまくいかず、諦めたという教師が多くいても当然であろう。協働学習は、実践者もまた協働することなく継続していくことはできないと筆者は考えている。「実践してみたいが、本で読んだだけではよく分からない。」「協働学習（ピア・ラーニング）を一人で進めていくのはいつも不安だらけだ」「もしかしたら自分が実践しているのは協働学習なのだろうか。でも、誰にも相談できない」という現場教師たちの声をこれまでの研修参加者からよく聞かされた。しかし、仲間を探しにくいどころか文献すら入手困難な海外の教師たちにとっては、国内以上に制限された環境にあることは間違いない。「自分が試みた協働学習はこれでいいのか」、「なぜもっとうまくできないのか」という不安は、文献にはなかなか探り当てられない。文献には記述されない実践上の課題を誰かと共有しながら解決していきたくなる課題がいくつも起きるからである。

　自分の実践を共有できる仲間が不可欠だということに、協働学習を試みた者であればだれでも気づくはずである。協働学習の実践は、単に示された手順にしたがって進めればうまく進むものではないからである。実践したら常に批判的な視点からその実践を省察し、これに対し意味づけや価値付けをするために他者との検討の時間をもち、そこから改善のための課題を発見しつつ次のステップへと進む必要がある。このサイクルには批判的視点をもつ他

者の視点が重要である。だからこそ、実践にかかわる他者の存在が不可欠なのである。ところがアジアの教師たちのほとんどは、自身の過去に協働学習の経験がなく、批判的視点で検討する他者も実践に寄り添う仲間もいない。ここには舘岡（2016）が提唱する「対話型教師研修」の場が重要であり、海外の実践者にこそ教師コミュニティの必要が高いのではないだろうか。

　では、協働実践研究がまだまだ黎明期にある海外の地域では、どのようにして日本語教育の協働学習の実践や研究を進めていくのか、また、それをどのように継続し発展させていけるのか。たとえば、すでに日本国内で展開してきた協働実践研究の基盤組織から海外の現場教師たちに支援する手段はないだろうか。海外で協働実践する教師たちのために、彼らの実践に寄り添い、実践を継続促進するための場を作る支援はできないものか。もし、教師たちの実践研究の場を海外の各所に作ろうとする場合、日本からの支援を行うには、どのような視点をもっているべきか、どのようなプロセスで進めるのが有効なのだろうか。

　そこで、本稿では、日本の協働実践研究プロジェクトが海外での協働実践研究のための拠点構築活動を行うプロセスにおいて、これを促進する要因について探ることにした。

　以下、2 節では、日本語教育の協働実践研究を推進するために設立した協働実践研究会について、その設立の経緯と研究会の理念や活動目的について紹介し、本研究の動機と背景、目的について述べる。3 節では、異なる背景同士の協働のプロセスを分析した他分野の先行研究を検討し、これらをもとに本プロジェクトの活動を振り返るための分析観点を抽出する。4 節では、本研究活動のうち 2010 年以降 2018 年末までの海外拠点構築活動を振りかえり、海外各地域での活動プロセスを促進した要因について分析する。最後に、本活動のプロセスの分析結果をもとに、海外拠点構築を促進させる要素を明らかにする。

2　日本国内での協働実践研究会設立の経緯

　2010 年 9 月、筆者を含む 5 名（コアメンバー）の協働実践研究者は「協働

実践研究会」を東京において立ち上げた。この研究会は、まずは国内で協働実践に取り組む実践研究者たちの実践研究を促進する場とすることを目指した。さらには、海外で実践研究に取り組もうとする教師たちを支える協働実践研究拠点の設立をも目標として掲げてきた。

　この研究会の立ち上げ時点では、海外協働実践の拠点候補地域はすでに数か所が準備段階にあった。中国（北京）、台湾（台北）、韓国（ソウル）、タイ（バンコク）である。これ以外の海外地域での活動により拠点構築が実現した背景には、協働実践研究会メンバーが海外での教師研修会や現地教師会にセミナー講師として招聘されたことが契機となったものがほとんどであった。これにより、プロジェクトが当初計画していた海外候補地だけでなく、予定外の地域へもプロジェクトの対象を拡大することができた。

　2013 年度からは東アジアでの拠点構築の課題に対し、研究費助成金（平成 25 年度科学研究費助成事業基盤研究（一般 B）代表：池田玲子「日本語教育における協働学習の実践・研究のためのアジア連携を可能にする拠点構築」）が獲得でき、東アジア地域での活動は進めやすくなった。現在までに、海外拠点として設立した地域は、中国、台湾、韓国、モンゴル、タイ、マレーシア、インドネシア、キルギス、ベトナムの 9 地域である。その一つである中国北京拠点では、もっとも拠点活動が活発に行われ、2015 年には日本の研究者 2 名（池田・舘岡）と北京の研究者 2 名が、中国日本語教育研究のための「協働学習」に関する研究書を共著出版することができた。その後も「北京協働実践研究会」は海外支部として確立し、今や中国の社会文化歴史に合致した独自の「協働学習」、「協働実践」を打ち出すまでになっている。また、台湾と韓国でも定期的に各国内での研究会を開催しつつ、日本との共催による国際研究大会開催も実現させている。また、両地域では北京拠点と同様、現地事情にそくした独自の協働実践研究書を出版するに至った。タイ、モンゴル、マレーシア、インドネシア拠点でも拠点主催の研究会が開催されている。一方で、海外拠点として代表者までは確定したものの、その後の拠点活動が開始しない地域もいくつかある。あるいは、現地の進捗状況が日本では明確に把握できない地域もある。こうした海外拠点の機能が活性化でき

ない背景には何らかの原因があるのであろう。たとえば、アプローチ側の拠点構築開始時の状況把握に問題があった、特定したキーパーソンの選出が不適切だった、あるいは何らかの内部要因が生じたなどが考えられる。これらの要因は特定の地域にのみ生じる現象なのか、それともどこの地域でも共通して起こりうるものなのか。そこを解明することができれば、今後の拠点構築を阻む要因を事前に回避することも、現地状況の適切で正確な把握のためにも有益だと考えられる。

　そこで本研究では、まず海外拠点構築の活動開始時点に着目し、その後の拠点構築に影響する要因について探ることにした。また、筆者が同じ地域に複数回訪問できた地域については、その間のプロセスにも着目し、拠点構築を促進させる要因だけでなく停滞させる要因についても探ることにした。

　なお、本稿で取り上げる海外対象地域は、本プロジェクトが当初予定したアジア地域以外の事例を取り上げる。なお、本プロジェクトの主要対象地であるアジア各地での活動の詳細については本稿では触れず、本書第 4 章から第 10 章において、各アジア拠点代表者の内側の視点から報告を行う。

3　先行研究
3.1　科学知識とローカルナレッジの協働

　「協働実践」についてはさまざまな分野の研究で議論されている。それらに共通するのは、人がもつ知識、情報、社会構造、あるいは認知と社会との関係性だといえよう。一例として、「科学技術研究」と「社会学研究」との融合分野がある。科学技術社会論研究の分野が我が国の学術世界に設立されて以来 10 数年になる。科学が社会と融合し、異分野間統合によってできた新たな分野である。これまで専門家がもつ知識情報は非専門家へとトップダウンの流れ（欠如モデル）によって伝わる構図[1]であった。これに対し、専門知をもつ側と日常知をもつ側とが対等であることを前提とした考え方で問題解決に取り組む新たなアプローチがある。これこそが協働的問題解決のアプローチだと考えられる。以下では、本研究が援用した 2 つの先行研究を取り上げる。

3.2　大学と地域の協働　Kawabe（川辺）ら（2013）[2]の研究

　Kawabe（川辺）ら（2013）の研究では、大学との協働による教育プログラム開発のプロジェクト 2 例を取り上げ、その協働プロセスの展開の比較を行った。沿岸域研究分野において、筆者自身がメンバーの一人として取り組んだ異分野間協働のプロジェクトは、東京湾の持続的利用のしくみの創出を課題とし、大学と地域が協働で取り組む 2 年間のプロジェクトだった。ここでの協働の構図は単に大学と地域という 2 項が互いに協働活動を始めるという構造ではなく、大学側と地域側の間にすでに接点をもつ人物が存在していた前提ありきの協働の開始だった。具体的には、川辺らは大学の授業として、地域で行う実習授業をすでに 2 年前より実施してきた経緯があった。また、このプロジェクトメンバーの大学側内部にも、異分野間協働を経験してきた者が含まれていた（河野 2012 ; 池田 2015）。河野と池田は、この異分野間協働開始時の衝突の事実をそれぞれの視点から報告している。このように、川辺らの協働は、すでにその内部で開始している複数の協働と現時点の協働とが入れ子構図となった重層構造を呈していた。ところが、二つの協働取り組みのうちの一つは着実に協働プロセスが発展していったものの、もう一方の協働は進展しなかった。川辺らはこの二つの事例の比較から、協働を進める重要な要因は、カウンターパート側の「キーパーソンの存在の有無」であることを明らかにした。ここに協働活動展開に関わる二つの要因が読み取れる。一つはプロジェクト構成員内の過去の協働経験、もう一つはキーパーソンの存在である。

3.3　市民と専門家の協働のプロセス

　社会科学論研究に異分野間の「協働プロセス」に着目した興味深い研究がある。大澤ら（2008）は、市民と専門家の協働のプロセスを考察するための概念モデルの構築と、協働による公共知の創造を可能にする要因・条件を明らかにすることを目的とし、吉野川河口堰の問題をめぐる協働の議論のプロセスを分析した。ここでは、従来の欠如モデル（トップダウンモデル）ではなく、市民がその生活現場の文脈について持っている「ローカルナレッジ」

36

（平川 2002）を重視する立場から、両者は対等な立場で問題に取り組み、共に課題に対する理解を深めていった。大澤らはこの協働の過程を分析した。

　大澤らは、まず計算機シミュレーション（三輪 2000）をもとにした協働プロセスの概念を構築し、これを分析の枠組みとした。プロセスの第一段階を「問題化」と呼び、現実世界の状況を理解する段階とし、第二段階はモデルを導き出す「仮説化」の段階とした。第三段階の「実験化」では、課題の解決のために考案されたモデル（仮説提案）が導入され、新たな発見や理解を得る。第四段階では「体系化」とし、仮説の正当性を確認するための検証が行われ、改善のための計画・検討の後、実際にこれを適用する。この 4 つの段階における両者の関係性の変化を、矢守他（2005）が使用した「ジョハリの窓」の図式を援用し、リスクコミュニケーションの概念図として示した（図 2.1）。「情報・知識の共有・非共有」と「かたい関係（コンフリクト関係）・やわらかい関係（信頼関係）」の二つの軸で示した関係構図を創出した。この枠組みに基づき、専門家と市民の協働プロセスでの対話記録を分析した。

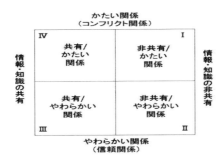

図 2.1　大澤らによる協働の関係構図（2008：95）

　大澤らは四つの各段階内とその移行プロセスでの関係性を分析した。その結果、段階間はもとより、各段階内にもさらに類型モデルの変化があったことを明らかにした。専門家と市民の協働のダイナミズムの中で課題をめぐる双方は意見の対立を経て、市民側は生活的・経済的視点から自身を相対化することによって問題点を明確化していく。これにより、専門家側は問題化の

段階で彼らが見逃していた生活知に目を向け、新たな課題を発見していった。つまり、仮説化段階では互いに持ちえなかった知識が、それぞれ相手側で活用され、やがて実験化の段階で両者は協働して実験（仮説検証）を行いながら、共に課題に対する理解を深めていく様子が確認できたという。

　この研究では、専門家と非専門家とを二項対立構図としている。この二項対立では、一つの地域問題の解決という共通の課題をめぐって互いに持つ知識情報の違いが重要な意味をなしていくことが分かる。まずは、協働プロセスの初期段階に両者は固い関係の中で、知識情報の「補完」のために協働を進める。この段階では互いの状況を理解し、関係性のあり方を模索する時期ともなる。この時期を経て両者は柔らかい関係性へと進み、同時に知識情報の「共有化」を可能にする。そして、いよいよ両者が新たな解決策としての「創造」を目指し、協働プロセスを追求する段階へと進むと考えられる。

　これら二つの先行研究では、協働が有効に展開していく過程には、協働の開始時に見える協働促進要因と協働するプロセスの関係性の変化が指摘されていた。川辺らのいう開始時に確認できる「キーパーソンの存在」は、確かに重要な要因である。しかし、キーパーソンの存在以上に、協働する両サイドにすでに協働の理解の素地があるかどうかも重要な要因だといえるのではないか。つまり、関わる人々が協働することの意味を認識しているか、あるいは耳を傾ける態度があるかどうかである。一方、キーパーソンの特定は協働のプロセスが開始していない段階では不可能である。また、協働の素地があるかどうかの判断も相手と面識のないゼロ段階では把握できない。

　一方、大澤らの研究では協働の開始時点では両者に全く面識はなく、いわば「協働のゼロスタート」であった。しかしながら、両者は互いの違いを認識した上で、長い時間をかけて協働プロセスを展開する中で、互いの関係性の構築と理解の深化、そして新たな解決策をも見出していくことになった。

　これらの先行事例をもとに、本研究では、海外協働実践研究の拠点構築を課題としたプロジェクトの活動プロセスの開始時とその後の変化に着目し、海外拠点構築を促進する要因について考察する。

4　方法

　海外拠点構築の前段階活動を振り返ってみるために資料としたのは、協働
実践研究会ホームページに掲載した海外活動報告書、現地での活動記録ノー
ト（調査・視察・観察）、帰国後の研究報告会資料である。なお、本稿では、
協働実践研究会設立コアメンバー5 名（加えて、地域によってはサポートメ
ンバーも含む）を日本側プロジェクトメンバーと呼び、海外拠点対象地域の
実践研究者を海外カウンターパートと呼ぶことにする。

4.1　対象地域と活動担当者

　協働実践研究会設立以後の主な海外活動地域は、中国（北京、青島、大連、
浙江、成都）、台湾、韓国、モンゴル、タイ、メキシコ、ウズベキスタン、
キルギス、オーストラリア（パース、メルボルン、キャンベラ）、マレーシ
ア、インドネシア、ロシア、フランス、ベトナムである。

　これらのうち、本稿で取り上げる対象地域は、2010 年以降の対象地であ
り、かつ東アジアを除く地域とした。フランス、ロシア、メキシコ、ウズベ
キスタン、キルギス共和国の 5 地域への活動を行った日本側プロジェクトメ
ンバーは以下である[3]。

　　コアメンバーA　（筆者）
　　コアメンバーB　（A とは長年の研究仲間であり A に最も近い位置にある）
　　コアメンバーC　（A とは大学院の同期生、B とはかつての職場の同僚）
　　コアメンバーD　（A, C, E の大学院の後輩）
　　コアメンバーE[4]　（A, C の大学院の後輩）

　5 名は各自の研究活動だけでなく、私的場面でも大学の同期や後輩、ある
いは職場の同僚、研究仲間といったプロジェクト開始前段階から近い関係に
あった。また、5 名は共に研究テーマに協働理論をもちながら 2010 年の協働
実践研究会設立以来、協働実践を支えるための海外拠点構築の課題に協働し
て取り組んできた。

プロジェクト前段階では、海外支部設立のための地域をあらかじめ特定せ
ず、国内外からの招聘や依頼があった場合、その地域を協働実践の必要性を
示した地域として暫定的候補地とし、候補地のキーパーソンの特定を課題と
した。現地にメンバーと接点がある人物がいる場合は別として、全く接点の
ない地域の場合は、現地にて候補地とするかどうかを判断した。中には、筆
者らの実践研究の内容を知った上での招聘であるはずだが、なぜか協働学習
を阻害する明らかな要因を抱えた地域だったこともある。

4.2　分析方法

　大澤らの協働の事例の特徴は、ここに参加した専門家（行政関係者、研究
者、技術者）と、市民 A（市民団体）、市民 B（徳島市民）との関係は全く接
点のないところからの協働プロセスの開始であった。本研究ではこれを「ゼ
ロスタートタイプの協働」と呼ぶことにする。これに対し、川辺ら（2013）
の事例は、協働の開始以前にすでに現地に何らかの接点もっていた例を「有
接点スタートタイプの協働」とする。

　大澤ら（2008）の事例となった「ゼロスタートタイプの協働」は、約 8 年
間（1998 年〜2005 年）にわたるものだった。ゼロからのスタートの場合、
まずは①「問題化の期間」、②「仮説化」の段階、次にこれを実施する③
「実験化」の段階、そして問題解決段階の④「体系化」へと進む。開始当初
は両者が考え方の違う「かたい関係」にあるのだが、プロセスを経ることで
情報共有ができ、やがて「やわらかい関係」へと変化し、両者は共通のコン
テクスト形成から新たな知識創出という協働の成果に至る。つまりこのプロ
セスでは、協働する主体間の関係性構築と連動して、両者に共通理解と新た
な公共知の創造が生まれる可能性が実証されたのである。

　一方、川辺ら（2013）の「有接点スタートタイプの協働」では、二つの地
域（T 地域と S 地域）を対象として開始していた。二つの事例の比較からは
T 地域にのみ協働の成果が確認できた。T 地域は協働する双方にすでに協働
の経験がある人物がいたことで、両内部には協働の素地があり、信頼関係も
できていた。よって、協働する双方が内部の協働を含有する構図をもってい

た。しかし、他方の S 地域は接点があったにも拘わらず協働は進展しなかった。協働プロセスを促進させた要因が T 地域にはあり、S 地域にはなかったことになる。

また、川辺らの研究プロジェクトには時間的制約も促進要因の一つだと考えられた。成果をみることができた T 地域の場合は、対象地域側に時間的制約があった [5]。これに対し、S 地域との協働には緊急性がなかった。大澤らの事例にも緊急性は見て取れない。実際、大澤論文では、この専門家と市民との協働を次のように表現している。「本事例は、可動堰建設の是非を問う住民投票をとおして、疑問ありという姿勢で辛抱強く科学論争を行い、また住民投票後には市民と専門家の協働をとおして代替案を提案した、日本では数少ない事例である」（大澤ら　2008:95）。これが時間制限のない課題であったことが読み取れる。

これらの先行研究をもとに、本研究では、海外地域での活動について、大澤らの四つの段階、川辺らのキーパーソンの存在とその関係性に着目し、拠点活動時の状況分析を以下三つの要因を仮定し、これを分析観点とした。

分析観点 1 ：現地キーパーソンの存在（日本側との接点とその人物像）
分析観点 2 ：現地のコミュニティの状態（協働的か否か）
分析観点 3 ：現地の協働の認識（協働の素地、課題性、緊急性）

分析観点 1 は、両者間に拠点構築のためのキーパーソンの存在の可能性をみる。分析観点 2 は、現地のコミュニティの状態である。現地の状況を観察した記録から判断する。分析観点 3 は、現地の協働学習に対する理解の様子、協働学習を必要とする教育改革の意識とその緊急性を判断する。

次に、拠点への複数回の働きかけの機会が可能となった事例については、大澤らの示した四つの段階をもとに、本研究では、海外拠点構築の発展プロセスを同様の 4 段階指標をもって分析考察することにした。

表 2.1 協働プロセスの段階指標

段階	大澤ら（2017）	本研究
1	問題化：現状にある問題を認識する	課題の認識・共有；現地の教育にある問題の認識と課題の共有
2	仮説化：問題の解決提案がなされる	協働の理解；問題の改善・改革として協働の理解を進める
3	実験化：提案にもとづく取り組みがなされる	実践の取り組み；協働学習の取り組み、協働実践の展開
4	体系化：問題解決	独自の協働の創出；現地に適した協働実践の確立

　以下、五つの対象地域での拠点構築活動の開始時点の状況とその後のプロセスについて分析していく。

5　結果と考察：協働実践研究の拠点構築のプロセス
5.1　フランス（レンヌ）の事例

　フランスでの活動は、2013 年 4 月にフランス日本語教師会から筆者への招聘講演（メンバーA：筆者）に始まった。この時のカウンターパートには日本側メンバーとの接点をもつ人物は全くいなかった。このときの招聘者は、フランス日本語教育学会（レンヌ）が協働学習を主テーマとすることに決定し、講演者 2 名（筆者とフランスの教育学研究者 1 名）、ワークショップ講師としてドイツの日本語教師 1 名であった。フランス日本語教師会には、その母体としてヨーロッパ日本語教師会がある。このときのフランス日本語学会のテーマに「協働学習」が取りあげられた背景には、フランスの教育全体の動向と、外国語学習としての日本語教育の課題として協働学習への移行が浮かび上がったという説明が、学会運営委員代表者の T 氏（日本人）から筆者になされた。しかし、この時の研究会では、協働学習に関する発表者は一人もいなかった。つまり、フランスでは協働実践研究に取り組む存在はないと推察された。ただ、ドイツから招聘された日本語教師（日本人）は、このとき協働学習のワークショップを紹介した事実からすれば、欧州日本語教育

学会には協働学習に関心をもつ教師がいくらかいたのであろう。なお、フランスの現地状況についていうならば、フランス日本語教師会という組織はあるものの、年一度だけの研究発表会開催のために教師同士が連絡を取り合う程度の組織であった。これには、フランス特有の日本語教育事情があるのであろう。フランス国内に日本語学の専門学科をもつ大学は極めて少ない。そのため、一つの大学に日本語教師は 1 名か 2 名程度である。つまり、フランスの日本語教師たちは他大学の教師と協働しやすい環境にはない。また、フランスの大学の日本語教師の多くは、日本語教育学を専門とする者はごくまれである。そのため、大学の日本語教師たちは自分の専門研究を優先し、日本語教育実践には時間と労力をかけない傾向があるという。こうした状況は欧州の大学の日本語教育現場では、むしろ一般的な様相なのであろう。

　こうした事情から、フランスでは 2013 年時点の招聘講演（A：筆者）では協働実践研究会拠点構築に向けたキーパーソンの特定化はできなかった。ところが、この 3 年後の 2016 年 7 月には、プロジェクトメンバーC と E がパリ国際交流基金の招聘により「ビジネス日本語教育」をテーマとし、パリとアルザスで協働学習の講演（ビジネスコミュニケーションのためのケース学習）の機会があった。この時の現地の中心人物は国際交流基金スタッフ F 氏（日本人）だった。F 氏はかつてプロジェクトメンバーE がオーストラリア勤務時に同僚であったことに加え、プロジェクトコアメンバー4 名ともすでに何度か議論の場を共有していた。2014 年 3 月にはプロジェクトメンバー5 名がオーストラリア（2 か所）で日本語教師たちに日本語協働学習を紹介する企画があった。そのときの中心人物が F 氏であった。F 氏は協働学習への深い理解と「ビジネス日本語学習：ケース学習」にも高い関心を示し、メンバーE がオーストラリアで勤務中には協働実践活動の仲間関係にあった。その後、F 氏がフランスへ転勤となったことで、今度は C と E との協働実践活動がフランスにおいて再度実現できることになった。

　つづく 2018 年 9 月にはメンバーA と C が、フランス（レンヌ）にて日本語教師のための研修の機会を得た。このときの企画の中心人物は F 氏だった。しかし、2018 年フランス教師研修会実施時には、F 氏はすでに他の地域へと

移動していたため、この渡航前に F 氏をキーパーソンとすることはできなかった。

　2018 年のレンヌでの日本語教師研修会は、2016 年（A の担当）と 2018 年（C と E の担当）のときに参加した教師たち 3 名と 2016 年と 2019 年に参加した教師 2 名が含まれていた。この 3 回の協働学習紹介の場は、一連の協働実践のプロセスだと捉えることができる。これら 3 回の機会を三つの観点から整理したものを以下の表に示す。

表 2.2　分析結果　フランス　2013 年

分析観点	2013 年 3 月　分析結果
観点 1：キーパーソンの存在	●会場校の日本語教師 T 氏と他大学の教師（1 名）が協働学習についての理解を示した。T 氏をキーパーソンにと考えたが、その後の連絡は途絶え、特定化には至らなかった。
観点 2：現地教師同士の関係性	●日本語教師会組織の中での役割分担、連携の様子はあったが、実践研究の協働は見えてこなかった。
観点 3：現地の理解状況	●「協働学習」はこの教師会開催の主テーマではあったが、参加者のほとんどに事前の理解はなかった（多くは初見だった）。

表 2.3　分析結果　フランス　2016 年

分析観点	2016 年 7 月　分析結果
観点 1：キーパーソンの存在	●パリ国際交流基金スタッフで、欧州日本語研修会開催の中心的役割を担った F 氏をキーパーソンと考えたが、その後、F 氏は他の地域へと転勤になったため、特定化できなかった。 ●F 氏とレンヌの T 氏が日本に一時帰国の際には、C は話し合いの場を設け、協働実践の可能性や課題について意見交換を行った。
観点 2：現地教師同士の関係性	●この会には大学の日本語教師だけでなく、専門学校や日本語学校、企業関係者も参加していたが、各職業間はつながっている様子はなかった。
観点 3：現地の理解状況	●日本語教育の協働学習については知っているが、ビジネス日本語教育の協働学習はまだ理解不十分な状況にあった。

表2.4　分析結果　フランス　2018年

分析観点	2018年9月　分析結果
観点1： キーパーソンの存在	●レンヌにおいて日本語教師会（分科会）が開催され、2016年の開催時の参加教師も再び参加していた。今回も主催者側の中心人物 T 氏をキーパーソンとした。2016年と2018年の両日に参加した教師から日本のメンバーAにレンヌ講演の内容についての質問メールがあり、ここで議論の機会をもった。この時にキーパーソンの特定化がほぼ可能となった。
観点2： 現地教師同士の関係性	●2016年の研修参加後に、一つの大学内で講演に参加した教師が協働実践を紹介した事実が確認できた。この事実と、今回の参加を契機に、同じ大学内のもう一人の教師が自身の教育実践において協働学習を試みる意欲を表明した。
観点3： 現地の理解状況	●ビジネス日本語教育の新たな方法論として、パリ、アルザスの研修内容の理解をもつ参加者が多くおり、すでに実践経験をもつ教師もいた。 ●レンヌの教師はパリ・アルザスでの参加をもとに、レンヌの大学の MBA 学生を対象としたケース学習授業を企画した。また、T氏自身もケースを書いてメンバーCに送り、Cはこれにコメントした。

-------------　　事前の接点なし

◄──────►　　過去に接点あり

◄──────►　　過去に強い接点あり

```
2013年

メンバーA ------------ カウンターパート T

                    ×現地教師間の協働

                    ×協働の理解と共有化
```

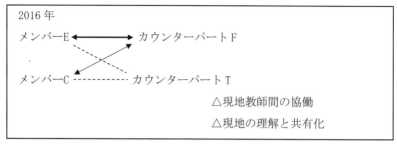

2016 年

メンバーE ←——————→ カウンターパートF

メンバーC ------------ カウンターパートT

　　　　　　　　　　　△現地教師間の協働
　　　　　　　　　　　△現地の理解と共有化

2018 年

メンバーA ←——————→ カウンターパートT

メンバーC

　　　　　　　　　　　○現地教師間の協働
　　　　　　　　　　　○現地の理解と共有化

　フランスについては、活動開始時には接点のなかった地域だったのだが、メンバーC を通じた複数回の対話の機会を得たことで、協働が関係構築プロセスに効果的に働いた。拠点の発展段階としては、課題の認識・共有化の第一段階を経て、T 氏を取り巻く複数の教師たちと協働実践に取り組もうとする「理解の共有化」の第二段階にあったと推察される。

　C は 2016 年に F 氏と T 氏が一時帰国（日本）の際に、話し合いの場を設け、協働実践の可能性や課題について意見交換を行っている。その後も 2017 年、2018 年に T 氏が日本に再帰国した際にも C と T 氏はミーティングを行い、協働学習の方法、特にケース学習について話し合いを続けた。また、T 氏の元学生フランス人（大学院生）が卒業後に東京で勤務していたことから、C はその方へのインタビュー調査も行っている。T 氏は C とのこうしたやり取りの中で、ビジネス日本語教育のためのケース教材を作成し、C 氏にケースアドバイザーの依頼をしてきた。C もこれに答えて協力している。こうした経緯をもとに、2018 年のワークショップにはケースライティングの活動部分を設け、現地教師の要望を十分に反映した教師研修を実現すること

ができた。この時点では、フランスでの拠点構築の段階は、協働実践に取り組むことを目的としてＴ氏を中心とした教師コミュニティの形が見えてきた第二段階に進展したことが確認できる。

　今後、フランス日本語教師会を母体とするフランス（レンヌ）協働実践研究拠点とし、Ｔ氏を代表者とする日本語教師たちの実践研究プロセスが展開していくことが期待できる。

5.2　ロシア（ノボシビルスク）の事例

　ロシア（ノボシビルスク）の事例は、カウンターパートのＩ氏（ノボシビルスク日本文化センター日本語教師：ロシア人）がすでにプロジェクトメンバー2 名（メンバーＣとＥ）との接点をもっていたところから始まった。Ｉ氏は日本留学中に大学院の授業の中で協働学習についてＣとＥから学んでいた。そこでＩ氏をキーパーソンとした。ノボシビルスクでは、まずメンバーＡが2011 年に、つづく 2012 年にはメンバーＣが招聘講演を行っている。Ａが招聘された 2011 年のロシア日本語教育学会研究大会では、国際交流基金による「Can-do」の講習の場が特別に設けられていた。しかも、モスクワ国際交流基金スタッフ 2 名がこの講習講師を担当していたこともあり、この研究大会での最大の注目点は「Can-do」にあった。Ｉ氏の職場であるシベリア日本語センターにはロシア人日本語教師 5 名が勤務しており、シベリア地区の他大学教師とも普段から連絡を取りあっている様子がうかがえた。2011 年当時、Ｉ氏とともにシベリア地区の日本語教師を支えていた日本人日本語教師 Y 氏の存在が注目された。Y 氏は元国際交流基金の専門家派遣でノボシビルスクに 3 年間勤務した後、現地採用のかたちでこの地域の大学に勤務していた。Ｉ氏はY 氏の勤務する大学で非常勤講師も務めていた。つまり、Y 氏とＩ氏とは職場の同僚であり実践研究仲間でもあった。2011 年の教師研修会では、メンバーＡの招聘手続きから研修会全体の企画運営までのすべてをＩ氏と Y 氏が中心となって進めてきたことが確認できた。

表2.5　分析結果　ロシア　2011年

分析観点	2011年2月　分析結果
観点1：キーパーソンの存在	●シベリア日本文化センター日本語教師のI氏は、日本留学中にメンバーC・Eから協働学習を学んだ。I氏はメンバーAの協働学習をロシアに紹介するための現地キーパーソンとして適任者だった。
観点2：現地教師の関係性	●シベリアでの日本語教師経験が長いY氏は、ローカル教師であるI氏をサポートし、センターでの教師研修も共に進めてきた。I氏は周辺大学の教師の相談にも対応していた。
観点3：現地の理解状況	●I氏だけは日本留学中に協働学習について学んだことがあったが、センターの他の教師たちもY氏や他大学の教師も協働学習についての事前理解はなかった。

表2.6　分析結果　ロシア　2012年

分析観点	2012年2月　分析結果
観点1：キーパーソンの存在	●シベリア日本文化センター教師のI氏からの依頼で「異文化コミュニケーション」のテーマでメンバーCが招聘された。
観点2：現地教師の関係性	●I氏をセンターの中心とした現地の日本語教師および周辺大学のローカル日本語教師は日常的に実践を共有し、課題も共有できている様子だった。
観点3：現地の理解状況	●I氏は日本留学中にメンバーC・Eから協働学習について学んだことがある上、昨年度（2011年）はAが協働学習をこの地で紹介（講演）していた。しかし、参加した多くの教師たちは「ケース学習」が協働学習に基づく教育方法であることについては事前の理解はなく、二者（A・C）の講演の関連性については、この時点ではじめて知ったとのことだった。

48

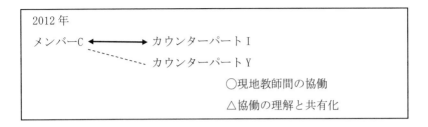

　2011 年の時点では、キーパーソン I 氏は協働の理解もあり、I 氏の周辺に
は教師コミュニティが機能している様子が観察された。しかし、おそらく I
氏の他のローカル日本語教師たちのほとんどは、この時点で協働学習に対す
る関心は高くはなかった。プロジェクトメンバーA が協働学習を紹介した同
日に、モスクワ国際交流基金日本語専門家から "Can-do" の紹介があった。
当日の会場の様子からは、参加教師たちの "Can-do" に対する関心の高さが
うかがえた。この背景には、モスクワとシベリアの教師たちには教育実践の
大部分が共有できるだけでなく、教育実践上の具体的な方法論を提示しない
協働学習とは対照的に、明確な学習到達のレベルの指標を示す Can-do の方
がローカル教師にとっては理解しやすく、受け入れやすいものだったからだ
と考えられる。この段階では、協働についてはまだ課題の認識も共有化もな
く、第一段階のスタート位置にあったといえる。

　ところが、翌2012 年にプロジェクトメンバーC が異文化コミュニケーショ
ンをテーマとして協働学習による「ケース学習」を紹介する講演（講義と体
験授業）の機会を得た時点では、シベリア日本語教師たちの異文化コミュニ
ケーション教育への関心は高まっていた。このことにより I 氏から C への招
聘の際には協働学習についての知識と実践の紹介をしてほしいという依頼ま
であった。

　メンバーC による体験学習セッションではビジネス日本語コミュニケー
ション教育のための「ケース学習」が紹介され、参加教師たちはケースの中
で起きている異文化衝突場面の問題解決課題に熱心に取り組んだ。グループ
討論後に解決のためのロールプレイの方法で、グループごとに問題解決策の
発表を行った。ここで使用したケース教材には、日本語版とロシア語版が用

意され、ディスカッションは必要に応じてロシア語も使用された。C の観察によれば、このとき討論前の参加者の態度、発言内容と討論後のそれを比較すると、変化が顕著であったという。ここに教師たちの協働学習への理解の深まりが確認できた。

　2012 年のメンバーC による「ケース学習」についてのワークショップは、ロシア（シベリア）の日本語教師たちに受け入れやすいものだった。その理由としては、すでに教師たちの中で「異文化コミュニケーション」のテーマが明確だったことと、ケース学習が協働学習の具体的な授業方法を示していたからではないか。また、1 年前のメンバーA による協働学習の紹介以後、この 1 年間で I 氏をはじめシベリアの教師たちが協働学習の理解と共有ができ、深めていたと考えられる。この時点で、シベリア日本語教師会のプロセス段階は、発展プロセスの第二段階へと進みつつあったといえる。

　シベリアの事例は、拠点構築の開始時点がゼロスタートタイプの協働であったものの、その後の展開を推進する要因がアプローチ側、あるいはカウンターパート側にできた場合、現地での理解の共有化や実践への取り組みの意欲も高まる可能性を示唆していた。今後、I 氏をこの地域のキーパーソンとしたシベリア協働実践研究の展開が期待できる。

5.3　メキシコ（メキシコシティ）の事例

　プロジェクトメンバーA と D が最初（2013 年）にメキシコに行った当時、プロジェクトメンバーB を除く他の 4 名と接点をもつキーパーソン K 氏（日本人）が現地に存在していた。A に招聘講演を依頼してきた K 氏は、当日の講演に備えて、数ヶ月前から参加予定者に対し、研修テーマ「協働学習」に関する論文購読課題を課すなど、参加の動機付けを熱心に行った。そのためか、当日は講演・ワークショップとも日本人・メキシコ人教師の協働活動が非常に活発だった。ここでの協働学習についての理解と課題の共有化は、こちらが予想した以上に達成できたと感じさせる場だった。しかし、この K 氏は研修実施の翌年には日本に帰国することが決まっていた。しかも、教師会の推進リーダーであり、日本語教師会会長のM氏（日本人）も任期が終了し、

勤務地を移動する予定だった。そのため、近い将来のメキシコシティでの協働実践研究拠点のキーパーソンとなる人物の特定化は、この時点では不可能だった。しかし、この 6 年後、2019 年春にメンバーB がメキシコに招聘されることになり、メキシコでの拠点構築活動再開の可能性が出てきた。

表 2.7　分析結果　メキシコ　2013 年

分析観点	2013 年 8 月　分析結果
観点 1 ： キーパーソンの存在	●A.C.D.E と接点をもつ日本語教師 K 氏が教師コミュニティの中心的存在であった。また、日本語教師会の会長 M 氏も現地での研修会開催において中心的人物だった。しかし 2 者ともこの研修後に職場を移動する予定があった。
観点 2 ： 現地教師の関係性	●このときの教師研修会には、メキシコ日本教師会からほぼ全員が参加していた。年に一度の研修会のときにだけ会うことができることを、会員たちは楽しみにしているという。メキシコシティの日墨協会の教師たちは、同じ職場で日ごろから実践を共有している様子がうかがえた。懇親会の話の様子から判断するに、日墨協会の教師たちは仕事上もプライベートでも深い関係にあるようだった。
観点 3 ： 現地の理解状況	●参加者約 100 名のうち、ローカル教師は 4 分の 1 近くの割合だったが、彼らはみな日本語レベルが高い。K 氏から事前に文献購読の課題が出されていたためか、講義部分の理解が深い様子もうかがえた。協働の概念がこの地に受け入れやすく、日常の行動や言動のあり方に適合しているように見えた。

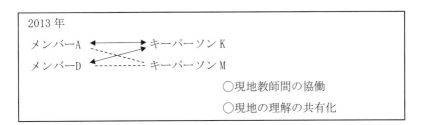

メキシコシティでの協働実践研究拠点構築活動については、キーパーソン K 氏とプロジェクト側メンバーA・D が事前に接点があったことから成果が期待されていた。しかし、K 氏をとりまくその時点での現地事情についてはA・D のもつ情報は不十分だった。K 氏は、フランスの F 氏やロシアの Y 氏と

同様に、職場の体制上、海外特定地域に長期的に滞在することはなかった。メキシコ研修実施の時点で、K 氏はすでに最終勤務年であったことを A も D も把握していなかった。また、M 氏は現地定住者ではあったが、メキシコ教師会会長職の任期の最終年であったことと、個人的事情でこのときにはもう転職を考えていた。メンバーA・D が招聘前に連絡をとっていた相手はこの 2 名だけであり、現地でも密な対話の機会が持てたのもこの 2 名だった。現地にて二人の事情を知った後、メンバーA・D が他の候補者への交渉を行うには滞在時間が不足していた。帰国後はメキシコとの連絡は途絶え、当然のことながら拠点構築プロセスは進展しなかった。メキシコの事例は、研修当日までの様子からすれば、発展プロセスの第二段階まで進んでいたと考えても間違いではないであろう。しかしながら、キーパーソンの特定が適切ではなかったために、今後、この地域での再開のきっかけが起きない限り、拠点構築の可能性は低い。

　この事例からは、協働実践研拠点構築のための活動開始が、事前に接点のあるカウンターパートであったとしても、そのカウンターパートとプロジェクトメンバーが頻繁に連絡を取り合い、現地状況およびカウンターパートについての事情を把握しておくことの重要性がいえた。その意味では、現地での対面の交渉以前に、こちらの目的を伝え、理解を得た上での事前交渉が必要だったと言える。

5.4　ウズベキスタン（タシケント）とキルギス共和国（ビシュケク）

　ウズベキスタン（2013 年 8 月）での日本語教師研修会には、筆者と本プロジェクトメンバーではない研究者 P 氏とが招聘され、日本語作文教育に関する研修を行った。現地にてメンバーA と P 氏のアテンド担当者だった JICA 専門家 N 氏（日本人）は、事前には協働学習について知らなかったのだが、研修後に非常に高い関心を示した。筆者 A は現地滞在中、N 氏をこの地域のカウンターパートにと考えたが、N 氏もまた海外で短期的に移動する日本語教師であったため働きかけを断念した。一方、現地の日本語教師事情からする

と、この地域では日本語教師は経済上、非常に不安定な職業であった。その
ためなのか、1 週間ほどの滞在中に日本語教師コミュニティの様子がほとん
ど見えてこなかった。研修後の懇親会の中で現地の教師たちと交流する機会
に、メンバーA は思い切ってウズベキスタン拠点構築の話題をローカル教師
2 名に持ちかけてみた。しかし、2 名とも自身の日本語教師職を継続するこ
とについては、経済面の理由から今は考えていないと言い、筆者の依頼を辞
退した。

表 2.8　分析結果　ウズベキスタン　2013 年

分析観点	2013 年 8 月　分析結果
観点 1： キーパーソ ンの存在	●メンバーA と共に招聘された P 氏は現地日本語教師 N 氏の元指導者だった。現地での交流会の中で 2 人のローカル教師に今後の拠点構築の話題と代表者の依頼をしてみたが辞退された。
観点 2： 現地教師の 関係性	●日本語教師会はローカル教師を会長として機能していたが、日本語教師を専業とする人はごくわずかだった。教師たちはみな経済面での不安を抱えていることが分かった。教師同士の結びつきの深さは感じられなかった。
観点 3： 現地の理解 状況	●現地での日本語教育については、JICA 派遣の日本人教師や名古屋大学現地オフィスの日本人教師が中心となって推進しているように見えた。セミナー内での様子からは、協働学習については、初めて知る人がほとんどであった。

```
2013 年

メンバーA ----------- カウンターパート N

                       ×現地の教師間の協働

                       ×現地の理解と共有化
```

　ここでの研修会を通じて、協働学習に対する関心を高めた参加者がいくら
かいたことが確認できた。しかし、今後、教師たちの協働実践の場の必要性
についてはあまり意識化されていない様子だった。
　ところが、この研修会では筆者が予想していなかった展開が生み出された。

それは、隣国のキルギス共和国の日本語教師Ｈ氏が研修に参加しており、協働学習に非常に関心を持ったため、翌年開催予定の「キルギス共和国日本語教師セミナー」（2014年8月）にメンバーＡを講師として招聘したいという申し出があった。この時点でＡとＨ氏との接点が生まれた。これ以後、翌年のキルギスセミナー開催までの約1年間、ＡとＨ氏はキルギスでの研修実施について、あるいはＨ氏個人の将来についての個人的な相談も含めて頻繁に連絡を取り合うことになった。

　ウズベキスタンを対象地として捉えた場合には、この地域は拠点構築の第一段階すら見ることはなかったのだが、この地域での拠点構築の活動が、キルギスの拠点構築の前段階として位置づけられる。よって、キルギスでの拠点構築の発展段階は、第二段階「理解と共有」から開始したことになる。

表2.9　分析結果　キルギス共和国　2014年

分析観点	2014年8月　分析結果
観点1：キーパーソンの存在	●カウンターパートとしては、前年のウズベキスタンでの研修会に参加したＨ氏がいた。また、シベリアでの研修会の主担当者だったＹ氏がここに国際交流気基金専門家として派遣されていた。この2名には数年後の移動が予定されていた。そこで、彼らからの推薦をもとに、現地ローカル日本語教師2名に拠点構築の目的とここでの代表者となることの依頼を行った。
観点2：現地教師の関係性	●日本語教育を実施している大学が限られている中で、日本留学経験のある日本語教師が中心となり、少人数ながら教師コミュニティが着実に機能している様子が見られた。
観点3：現地の理解状況	●Ｙ氏（シベリアでの現地担当者）、Ｈ氏（ウズベキスタン研修参加者）、日本留学経験者2名は、留学中にメンバーＣ・Ｅから協働学習について学んだ経験があった。質疑応答セッションでの議論では、参加者たちの理解の深まりが見られ、今後の協働実践への取り組み意欲が確認できた。

キルギスのビシュケクでの研修（メンバーA、DとメンバーではないP氏の3名）は、前年のメンバーAとH氏との接点を活かすことができたことで、現地での研修以前に課題の共有化ができていた。この課題の共有化が十分な状況にあったことには、もう一つの要因も考えられた。キルギスでの研修開催関係者の一人に、プロジェクトメンバーA・C・Eと接点のある現地教師Y氏（日本人）がいたことである。Y氏は、メンバーA・Cとロシアでの研修（2011年・2012年）の際にすでに接点があった。協働学習についてもそのときにAが講演で紹介したので、Y氏は他の参加教師以上に深い理解をもっていたと推測される。こうして、キルギス共和国での拠点構築のアプローチには、すでに複数の接点をもつ関係者同士がいたことになる。また、この地域では日本語教師会を通じた教師コミュニティが見えていた点も拠点構築を促進する要因として大きな役割をもっていた。

　そこで、研修会の中で現地ローカル教師に向けて、キルギス共和国での協働実践研究会支部設立を提案し、その代表者となる方を呼びかけたところ、研修終了後、H氏とY氏からの推薦もあり、すぐに2名（U氏とV氏）の大学日本語教師が拠点設立の承諾と代表者となることを引き受けてくれた。

　その後、メンバーAもDもこの地域を再訪問することはなかったが、研修の1年後には、代表者の一人U氏が現地で実践した授業について詳細な報告をメンバーAとDにメールで送ってくれたので、そこからメンバーA・Dからのコメントのやり取りが始まった。代表者Uの実践の中で浮かび上がった疑問に対し、筆者AとメンバーDとがメール上で議論を行った。ここから現地での実践研究活動が展開されていったことが確認できる。その後は、2019

年にメンバーC もビシュケクに招聘されることになり、これがさらなる契機
となり、今後のキルギス拠点の活動が継続される可能性が出てきた。

　したがって、キルギスでの拠点構築活動のここまでのプロセスを捉えるな
らば、「実践への取り組み」の第三段階にまで進展したことになる。

6　総合考察

　本稿で取り上げた協働実践研究拠点構築のための活動事例は、フランス、
ロシア、メキシコ、ウズベキスタン、キルギスである。これらの分析から浮
かび上がってきたことは、活動開始時点での三つの観点からの充足度は必ず
しもその後の展開を決定づけるものではなかったという事実である。

　活動開始時の状況を三つの観点から把握するならば、次のような表にまと
められる。

表 2.10　各地域における活動開始時点の三つの要因

	キーパーソン	課題の共有化	現地状況
フランス（レンヌ）	×	×	×
ロシア （ノボシビルスク）	△ 間接的な接点	×	○
メキシコ （メキシコシティ）	△ 不安定な接点	○	△ 一部明確
ウズベキスタン （タシケント）	×	×	×
キルギス共和国 （ビシュケク）	○	○	○

　拠点構築活動の開始時点に着目した場合、三つの要因①「キーパーソン」
の存在、協働学習・協働実践について事前の②「課題の共有化」、③現地の
教師コミュニティの「現地状況」は、いずれかが欠けている、または不足・
不安定である場合には、短期的な視点からは拠点構築の成果は得られないと
考えられる。しかし、その後のプロセスの展開をより長期的に捉えた場合、
開始時点に可能性が見出せなかったフランスはその後、3 年を経て開始する

ことになった。一方、ウズベキスタンについては、この地での展開には結びつかなかったものの、隣国キルギス共和国での展開を促進する非常に重要な機会となっていた。その後もウズベキスタンでは 2 回目の働きかけの機会が得られたにもかかわらず、この地域に拠点構築の兆しはまだない。

　メキシコについては、研修開催により現地関係者たちに一時的な意識の高まりがあったものの、その後の展開については把握できていない。おそらく、キーパーソンの特定化に問題があったといえる。一方で、キーパーソンとなる人物が移動性をもつ人物の場合、キルギスの事例のように移動先で協働実践を紹介する支援者となり、結果的には協働実践の海外拠点の構築に大きく寄与することがある。しかしながら、移動性のある人物の場合、やはり対象地での長期的発展プロセス促進の要因となる可能性は低いといえる。

7　おわりに

　本稿では、協働実践のための海外拠点構築を課題としたプロジェクトの活動記録をもとに、拠点構築の協働プロセスを促進した要因について探った。この考察からは、これに続く東アジア地域での活動プロセスについては、より長期的に捉えて検討していく必要性など、拠点構築を推進していく上での示唆が得られた。東アジアの拠点構築の報告からは、実際のところ支部設立のステージから何らかの理由で停滞してしまった地域が複数ある一方で、活発に次なるステージへと進んだ地域もあることが分かっている。その中には、日本側との協働を海外現地で研究大会開催という形で実現した例（台湾と日本、中国と日本、韓国と日本、タイと日本、インドネシアと日本ほか）や海外拠点と日本との協働による研究書出版の段階まで進展した例もある（中国、台湾、韓国）。また、海外拠点同士の協働実践も起き始めている（台湾と韓国、タイと台湾、マレーシアとインドネシア）。今後、本稿で報告した拠点構築を促進する三つの要因の分析観点を手がかりに、さらなる拠点構築の可能性の追究と、海外拠点内部のプロセスに着目した展開の実態を明らかにする必要があると考えている。

付記：本稿は、池田玲子（2015）「協働実践のための海外プラットホーム構築—アジアでの活動に向けて—」お茶の水女子大学日本言語文化学研究会『言語文化と日本語教育』第 50 号、pp. 38-50 を大幅に改稿したものである。

注

1. 従来、科学技術の知識に関して語るとき、知識を持つ者と持たない者とで構成されるフレームで語られてきた。

2. このプロジェクトでは「学びの串団子」と称し、三つの輪、「カフェ：知識の共有」「耳袋：体験の共有」「ワークショップ：理解の共有」によって活動してきた。筆者はそのうちの「ワークショップ」の主担当者だった。

3. コアメンバーのうち B を除く全員が同じ大学の大学院の出身者である。

4. 2010 年当時はコアメンバーではあったが、2012 年〜2014 年海外勤務となり、本プロジェクトには 2015 年度に再び分担者として加わった。

5. 当時この地域に 1 年後に設立が計画されていた海苔の資料館の責任者であった人物 W 氏が協働プロジェクトに参加していた。W 氏はこの資料館を地元の大学生のアイデアを取り入れた新たな資料館として設立したいと考えていた。

参考文献

池田玲子（1999a）「ピア・レスポンスが可能にすること—中級学習者の場合」『世界の日本語教育』(9)、pp. 29-43、国際交流基金.

池田玲子（1999b）「日本語作文におけるピア・レスポンスの効果—中級学習者の場合」『言語文化と日本語教育』(17)、pp. 36-47.

池田玲子（2002）「第二言語教育でのピア・レスポンス研究—ESL から日本語教育に向けて」『言語文化と日本語教育　2002 年増刊特集号』、pp. 289-310.

池田玲子（2007）「3.　批判的論理的思考力とコミュニケーション力育成のための日本語表現法—日本語作文ピア・レスポンスの応用」国立国語研究所編『日本語教育年鑑 2007 年版』pp. 32-47、くろしお出版.

池田玲子(2008a)「協働学習としての対話的問題提起学習—大学コミュニティの多文化共生のために」細川英雄・ことばと文化の教育を考える会(編)『ことばの教育を実践する・探求す

る　活動型日本語教育の広がり』pp. 421-479、凡人社.

池田玲子(2008b)「食の安全安心にかかわる不祥事にどう対応すべきか?―リスクコミュニケー
　　ションがつくる信頼関係」『月刊アクアネット 2 月号』pp. 34-38.

池田玲子(2009)「第 2 章　協働的アプローチで授業をデザインする」大島弥生・大場理恵子・
　　岩田夏穂編著『日本語表現能力を育む授業のアイデア』pp. 27-42、ひつじ書房.

池田玲子(2012)「第 9 章　コミュニケーションの場をつくる―大学と地域の協働によるデザイ
　　ン」川辺みどり・河野博編著『江戸前の環境学―海を楽しむ・考える・学び合う 12 章』
　　pp. 179-193、東京大学出版会

池田玲子(2014)「グローバル社会におけるアジアの日本語教育への提案―創造力・社会力の育
　　成のためのピア・ラーニング」『日本語教育研究』(29)、pp. 7-23.

池田玲子(2015)「日本語教師にとっての協働の意味を問い直す―他分野の人との協働を通して
　　認識した協働学習の意義」第 1 回年次大会　言語文化教育学科予稿集
　　http://alce.jp/annual/proceedings2014_5.pdf

池田玲子・舘岡洋子(2007)『ピア・ラーニング入門―創造的な学びのデザインのために』ひつ
　　じ書房.

池田玲子・舘岡洋子(2014)「第 2 章　協働とは」「第 3 章　ピア・ラーニング」「第 4 章　ピア・
　　ラーニングによるアカデミックライティング(学術的文章学習)とプレゼンテーション
　　(口頭発表)の授業」『日語協作学習　理論と教学実践』高等教育出版社、pp. 18-138.

池田玲子・近藤彩・金孝卿・神村初美(2018)パネル発表「ピア・ラーニング(協働学習)と
　　してのケース学習―新たな応用の可能性を探る」『アジアと日本における外国人材の雇用と
　　定着を考える:インドネシア人の労働と定着促進のための連携・教育研究会　in Bandung』
　　予稿集、pp. 18.

池田玲子・御舘久里恵・ロクサナパラダ・福澤直子・堀場沙智(2019)「異文化協働力育成を目
　　指す海外実践教育研修プログラムの開発―ケース学習を組み込んだ事前研修の試み」『大学
　　教育研究年報』第 24 号　鳥取大学教育支援・国際交流推進機構教育センター.

井上繁(2002)『共創のコミュニティ―協働型地域づくりのすすめ』同友館.

岩田夏穂・小笠恵美子(2007)「発話機能から見た留学生と日本人学生のピア・レスポンスの可
　　能性」『日本語教育』(133)、pp. 57-66.

江藤俊昭(2004)『協働型議会の構想―ローカルガバナンス構築のための一手法』信山社.

大澤英昭・広瀬幸雄・寺本義也(2008)「吉野川河口堰を事例とした市民と専門家の協働の類型および知識活用の変化」『科学技術社会論研究』(5)、pp. 93-109.

大島弥生(2005)「大学初年次の言語表現科目における協働の可能性―チームティーチングとピア・レスポンスを取り入れたコースの試み」『大学教育学会誌』27(1)、pp. 158-165.

神村初美・江原美恵子・小笠恵美子・中尾桂子・舘岡洋子(2015)「教師間協働の場から生まれる創造的価値―協働実践プロジェクトでの活動を通して」『言語教育実践 イマ×ココ 現場の実践を記す・実践を伝える・実践から学ぶ』ココ出版、pp. 100-114.

金孝卿(2008)『第二言語としての日本語教室における「ピア内省」活動の研究』ひつじ書房.

金孝卿（2018）「元留学生社会人交流会「サロン・デ・ゼクスパット」におけるケース学習の実践：企業と大学の協働による学びの場の構築に向けて」『多文化社会と留学生交流：大阪大学国際教育交流センター研究論集』22号、pp. 57−65.

金志宣(2011)「ピア・ラーニングにおける自律的学習能力の促進可能性―内省に見られる学習ストラテジーへの気づきを中心に」『日本文化研究』(38)、pp. 99-119.

倉持香(2009)「韓国の日本語協働学習における情意的効果に関する考察」『日本語文化研究』(31)、pp. 121-137.

河野博(2012)「終章 江戸前の海に「学びの環は作られたのか」川辺みどり・河野博(編)『江戸前の環境学 海を楽しむ・考える・学び合う12章』pp. 215- 224、東京大学出版会.

近藤彩(2007)『日本人と外国人のビジネスコミュニケーションに関する実証研究』ひつじ書房.

近藤彩・金孝卿(2010)「「ケース活動」における学びの実態―ビジネス上のコンフリクトの教材化に向けて」『日本言語文化研究会論集』(6)、国際交流基金日本語国際センター・政策研究大学院大学.

近藤彩・金孝卿・池田玲子（2019）『ビジネスコミュニケーションのためのケース学習―職場のダイバーシティで学び合う 教材編2』ココ出版.

齋藤ひろみ編(2005)『実践者と研究者の「協働」による実践・研究の試み』東京学芸大学国際教育センター.

佐藤学(2010)「「教える専門家」から「学びの専門家」へ」『教育と医学』(690)、pp. 2-3.

佐藤学(2013)「対話的コミュニケーションによる学びの創造」『言語教育実践 イマ×ココ現場の実践を記す・実践する・実践を伝える・実践から学ぶ』pp. 5-12、ココ出版.

杉原五郎（2002）『参加型まちづくり時代のコンサルタント市民、行政、専門家の協働による地

域経営』はる書房.

杉原由美(2010)『日本語学習のエスノメソドロジー　―言語共生化の過程分析』勁草書房.

砂川有里子・朱桂栄(2008)「学術的コミュニケーション能力の向上を目指すジグソー学習法の
　　試み―中国の日本語専攻出身の大学院生を対象に」『日本語教育』(138)、pp. 92-101.

ダグラス・マクレガー著　高橋達男訳（2004）『新版　企業の人間的側面―統合と自己統制によ
　　る経営』産業能率大学出版部.

舘岡洋子（2001）「読解過程における自問自答と問題解決方略」『日本語教育』第 111 号、
　　pp. 66-75.

舘岡洋子(2005)『ひとりで読むことからピア・リーディングへ―日本語学習者の読解過程と対
　　話的協働学習』東海大学出版会.

舘岡洋子（2016）「「対話型教師研修」の可能性―教師研修」から「学び合いコミティー」へ」
　　『早稲田日本語教育学』21、pp. 77-86. http://hdl.handle.net/2065/00051753

名嘉憲夫(2002)『紛争解決のモードとは何か―協働的問題解決へむけて』世界思想社.

原田三千代(2006a)「中級日本語作文における学習者の相互支援活動―言語能力の差はピア・レ
　　スポンスにとって負の要因か」『世界の日本語教育』16 号、pp. 53-73、国際交流基金.

原田三千代(2006b)「中級学習者の作文推敲過程に与えるピア・レスポンスの影響―教師添削と
　　の比較」『日本語教育』131 号、pp. 3-12.

房賢嬉(2004)「発音学習におけるグループモニタリング活動の可能性―学習者の意識の変化を
　　中心に」『言語文化と日本語教育』27 号、pp. 129-143.

房賢嬉(2010)「韓国人中級日本語学習者を対象とした発音協働学習の試み―発音ピア・モニタ
　　リング活動の可能性と課題」『日本語教育』144 号、pp. 157-168.

平野美恵子(2007)「多文化共生指向の日本語教育実習生における実習生間の話し合い分析
　　―3 ヶ月間の準備期間に構築されたティーチャー・コミュニティ」『言語文化と日本語教育』
　　33 号、pp. 37-46.

広瀬和佳子(2000)「母語によるピア・レスポンス(peer response)が推敲作文に及ぼす効果―韓
　　国中級学習者を対象とした 3 カ月の授業活動を通して」『言語文化と日本語教育』19 号、
　　pp. 24-37.

広瀬和佳子(2012)「教室での対話がもたらす『本当に言いたいこと』を表現することば―発話
　　の丹精機能と対話機能に着目した相互行為分析」『日本語教育』152 号、pp. 30-45.

平川秀幸（2002）「科学技術と市民的自由—参加型テクノロジーアセスメントとサイエンスショップ」『科学技術社会論研究』1号、pp. 51-58.

堀井秀之編（2006）『安全安心のための社会技術』東京大学出版会.

三輪和久（2000）「共有される認知空間と相互作用による創発の出現性」植田一博・岡田猛（編）『認知科学の探求—協同の知を探る』pp. 78-107、共立出版,

矢守克也・吉川肇子・網代剛（2005）『防災ゲームで学ぶリスクコミュニケーション』ナカニシヤ出版.

松下温・岡田謙一編著（2000）『分散協調メディアシリーズ3：コラボレーションとコミュニケーション』共立出版.

羅曉勤(2009)「初中級作文クラスでの推敲活動の試み—ピア・レスポンス活動を中心に」『台湾日本語文學報』26号、pp. 309-328.

劉娜(2009)「中上級中国語母語話者を対象としたピア・レスポンスの試み—学習者のふり返りシートから見た成果と課題」（第38回お茶の水女子大学日本言語文化学研究会発表要旨）『言語文化と日本語教育』(38)、pp. 104-107.

Y．シャラン＆S．シャラン、石田裕久・杉江修治・伊藤篤・伊藤康児訳（2001）『「協同」による総合学習の設計』北大路書房

D．W．ジョンソン、R．T．ジョンソン、K．A．スミス、関田一彦監訳（2001）『学生参加型の大学授業　協同学習への実践ガイド』玉川大学出版部

Kawabe, M., Kono, H., Ikeda, R., Ishimaru, T., Baba, O., Horimoto, N., Kannda, J., Matsuyama, M., Moteki, M., Oshima, Y., Sasaki, T., & Yap, M. (2013). Deloping partnership with the community for coastal ESD, *International Journal of Sustainability in Higher Education,* 14(2)、pp. 122-132.

外務省HP 海外における日本語学習者数
https://www.kantei.go.jp/jp/singi/jinzai/jitsumu/dai5/siryou2_1.pdf（2015年9月20日）

台湾協働実践研究会編(2019)『大学生の能動的な学びを育てる日本語教育—台湾から生まれる台湾の授業実践』瑞蘭國際有限公司

韓国協働実践研究会編（2020）『協働学習の授業デザインと実践の手引き—韓国の日本語教育の現場から』學古房

第 3 章

講師提供型教師研修から対話型教師研修へ
－自律的な学び合いコミュニティの創成へ向けて－

舘岡洋子

1　日本語教師のための今までの研修

　現在、日本語教育の現場は多様かつ動態的であり、大学や大学院で、あるいは 420 時間の日本語教師養成講座で、日本語教育について学んだからといって、すぐに現場のあらゆる問題が解決可能になるわけではない。教師は、教師になってからも学び続けなければならないのである。そのため、国内外では現職日本語教師に向けて数々の教師研修が開かれている。筆者は、現職日本語教師のための教師研修の講師を担当する中で、そのあり方を試行錯誤してきた。

　日本語教育において教師研修は、「見習い型→トレーニング型→自己研修型」と進化してきたといわれる（林 2006）。林（2006）によると、「見習い型」とは、先輩の教師を見習って、徐々に一人前に育っていくというタイプの研修である。しかし、時代の要請に応え一度に多くの教師を育てるためには、系統だった養成プログラムが必要となり、「トレーニング型」の研修が準備されるようになったという。続いて、多様な学習・教育環境下の教育現場では系統だったトレーニング型の有効性は発揮されず、自らの実践を内省し自身で新たなあり方を探る自己研修が必要となった。そこで、「教師のトレーニングから教師の成長へ」（岡崎・岡崎 1997）と研修のパラダイムが転換し、授業研究、アクション・リサーチなどの方法による「自己研修型」の研修が展開されるようになったという[1]。

それから 10〜20 年を経た現在は、どうであろうか。近年では、かつてに
くらべると多くの研修がワークショップの形式で行われるようになり、そこ
に参加することによって教師たちが体験の中から学ぶ機会が増えてきた。し
かし、教師研修と教師たちの日々の教育実践は本当に結びついているのだろ
うか。研修を受けたことによって、教師たちは自らの日々の実践を変革して
いるのだろうか。座って講義を聞く研修に比べ、ワークショップ型の研修は
身体や頭を使い、参加者と話し合い、体験を通したものであるため、受け身
ではなく参加の度合いはだいぶ濃くなっている。しかし、研修のそもそもの
テーマは主催者側によって決められ、そのテーマにふさわしい講師が招聘さ
れ、場の進行や活動の内容など、ワークショップも講義と同様、大きな意味
では「講師提供型」にほかならない。しかも、多くの場合は単発のものであ
る。つまり、研修の形は講義形式からワークショップ形式に変化しても、多
くの研修は、講師が「提供する」ものを参加者が「受け取る」という枠組み
の中にあるのである。
　特に海外における教師研修は、国際交流基金などが日本から講師を招聘し
て研修を行う大型研修の場合、単発のものとなりやすく、日本で盛んになっ
た教育方法等を紹介するだけのようなケースも少なくない。こうした研修は、
ある程度は新しい教育のあり方に気づく機会を与えるものであり、有用なも
のではあるが、現職教師たち自身の現場の問題意識に合っているか、継続し
て学び続けられるかという点では課題が残る。以下に課題だと思われる点を
あげる。

2　日本語教師のための教師研修における課題

　筆者は、この数年、協働で学ぶ教室活動を日本語の授業で実践するととも
に、その実践をもとに教師研修を行ってきた。研修の現場で感じていたのは、
次のような課題である。

■課題①ノウハウ志向

　参加者が具体的なノウハウを獲得しようとする場合、自身のフィールドと
同一の事例を提示しないと実際の教育実践に利用できないことが少なくない。

講師が提供する事例は、講師のかぎられた経験の中のものであり、しかも研修の時間的制約もあり、かならずしも参加者たちが担当する個別のフィールドの事例が示せるわけではない。参加者たちが、講師の提供した内容を自身の実践にどのように結び付け、そこから何を学んでいくことができるかこそが重要なことであるが、異なったフィールドの事例を自身の実践と結びつけられない場合も多いようである。そうなると役に立たない研修となってしまう。

■課題②継続性の欠如

　単発の研修が多く、その場かぎりの学びになりやすい。特に海外で日本から講師を招聘して行われる大型研修には単発のものが多い。その場合、一過性の研修となりがちである。研修の場での気づきをきっかけにどのように継続性をもって学び続け、自身の実践と結びつけていくことができるかが課題となる。

■課題③個人限定的な学び

　研修には個人で参加することが多く、また、上述のように継続性に欠ける場合が多いため、教師個人の能力（知識や教授技術など）の進歩に寄与したとしても、職場や周囲に影響を及ぼすまでにはなかなか至らない。研修に参加した個人に限定された学びにとどまらず、波及効果をもって教師の属するコミュニティにも影響を及ぼしていくことが期待される。教師たちが互いに学び合えるようになれば、研修に参加しなかった教師にも学びのチャンスが与えられる。また、互いの研鑽を共有し教師コミュニティ自体が変化していくことは持続的な学びの場を保障することになる。つまり、教師個人の進化のためにも、教師が属するコミュニティの進化が必要であり、個人とコミュニティは相補的な関係にある。

3　提案—「対話型教師研修」の提案と「学び合いコミュニティ」への構想

3.1　教師研修を対話型にするということ

　では、どのように先の課題を乗り越えることができるだろうか。教師たち

が学ぶ環境という点からみれば、非常勤にせよ専任にせよ、決まったコマを担当するという仕事の仕方の中では、学習者や授業や教育に関して職場内で互いに語り合う場を共有していない場合が多い。また、教育機関そのものに日本語教師の成長を支えるようなプログラムが整備されているケースは少なく、教師たちはひとりで自分の力で成長することが期待されている。教師それぞれが自身の関心にしたがって、さまざまな研修に参加しているというのが現状ではないだろうか。

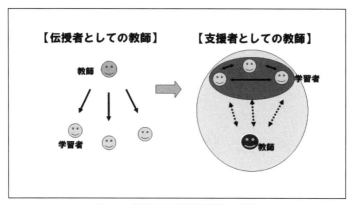

図 3.1　教授法から学習環境のデザインへ

　一方、教室活動において、教室を協働で学ぶ学習環境であると捉え直すと、図 3.1 に示したように、教授法から学習環境のデザインへと転換することになる。そこでの教師の役割は伝達する者ではなく、場をつくり学び手の学習を支える者となる。

　教室活動におけるこのようなパラダイム転換と同様に、教師研修も、従来行ってきたように個人の知識やスキルを高めることをめざすのではなく、参加した教師自身が周囲と関係性を構築しながら他者（研修講師や研修の他の参加者）の実践を自らの実践と結びつけて「自分ごととして」学んでいくことが必要ではないだろうか。そうすることで、自分とは異質の他者の教育観や教室観、言語観に触れ、なぜその実践を行うのかを理解し、気づきを得る

66

ことができるからである。さらに、そのような学び合いの場は、たえず自身
の実践を客観的に捉え、他の実践者との関わりの中で相対化できるように、
継続性をもっている必要がある。

3.2　教師研修を対話型にするということ

　そこで、「個体能力主義」（石黒 1998）に基づく知識・技能獲得モデルか
ら脱却し、関係性構築を通した気づきによる学びへと移行するために、以下
のような「対話型教師研修」を構想し、継続的学びの場となる「学び合いコ
ミュニティ」へとつなげることを試みた。

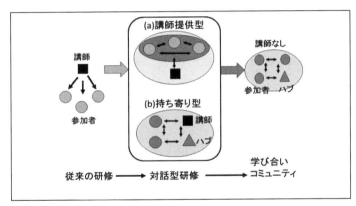

図 3.2　講師と参加者の関係

　図 3.2 は、研修の形の移行にともなう講師と参加者との関係を図示したも
のである。「従来の研修」に示したのは、講師が参加者に向かって講演をす
るタイプのものである。そこから「対話型教師研修」が提案され、さらには
「学び合いコミュニティ」の生成をめざす。
　「対話型教師研修（以下、対話型研修）」とは、講師から知識や技能を学
ぶのではなく、参加者間で対話を重ねて協働で問題解決をし、内省し、その
内省を対話によりまた共有し、そのプロセスで意味を生成していく研修であ
る。図 3.2 に示したように、講師(■)の役割を転換し、最終的には講師不在

の「学び合いコミュニティ」が生成され教師たちが学び続けることをめざす。特に海外の現場では、日本語教師のための研修の機会が限られているため、構成員である教師たちが互いに学び合う「学び合いコミュニティ」のような自律的かつ継続的な場は重要である。そこへ向かうために「対話型教師研修」は外部者である講師が過渡的にサポートする形ということができる。

　「対話型教師研修」では、2段階を想定する。第1段階の(a)は講師が場を提供しつつも参加者同士の対話からなる研修で、現在の多くのワークショップはこれにあたる。それに対して第2段階の(b)は、参加者と講師が互いに自らの課題を持ち寄り協働的に解決していくものである。このとき、講師と参加者たちをつなぎ、参加者たちをまとめる「ハブ」となるつなぎ役（▲）が必要となる。筆者らが経験した海外の多くの研修会でも、当地の教師たちのまとめ役が「ハブ」となり、筆者ら講師と現地の教師のつなぎ役を果たしている。日本から招聘された講師は、その後、学び合う場に継続的にかかわることができないため、ハブの役割を果たす現地教師は重要な存在である。

4　「対話型教師研修」の特徴

　「対話型教師研修」の特徴は、以下のようにまとめることができる。

① 学びのとらえ方：本構想では、学びを知識や技能の獲得ではなく、他者との課題解決のための対話を通して自他の違いから気づきを得ることととらえる。これは、他者とのコミュニケーションを通して学びが構成されるという社会構成主義の学習観に立っているといえよう。ここでは他者と関係性を構築することと学びを得ることとは同時なのである。

② 講師と参加者の関係：講師と参加者の関係は転換し、最終的には、講師は不要となる(図3.2参照)。講師も参加者もともに学ぶ存在なのである。

③ 段階性・継続性：図3.2に示したように(a)から(b)へ段階的に移行し、最終的には自分たちで継続的に学び合う。

④ 往還の視点：図 3.2 に示したように、研修と自身の現場が結びつき、
　　その往還によって継続的学びと実践の変革が可能となる。

5　アジア各地での展開

　実際には、本科研による研修はどのような方向性に進展したのであろうか。
本科研のメンバーたちは、2010 年に日本で協働実践研究会を設立し、国内
外に協働の学びの場を広げてきた。特に、アジア各地で対話型教師研修を実
施し、ハブとなる人々を中心に当地でも「協働実践研究会」が設立された[2]。

　アジア各地の「協働実践研究会」は日本の「協働実践研究会」とゆるやか
な連携をしつつ、それぞれ活発に活動している。各地に生まれた「協働実践
研究会」は、学び合いコミュニティとみてよいだろう。このようなコミュニ
ティ生成には、二つのケースがあると考えられる。

　一つは、日本からの講師の招聘によって図 3.2 の（a）にあたる形で、ま
ず、講師提供型のワークショップが実施され、それをきっかけとして研究会
など学び合いのコミュニティが生まれているケースである。もう一つは、研
究会や勉強会など、すでに教師たちの学び合いの場があるケースで、そのコ
ミュニティを土台として研修会の講師のワークショップをきっかけにすでに
あった学び合いの場がさらに活性化するケースである。いずれのケースも参
加者である教師同士の関係性が構築されることによって活動が支えられてお
り、関係性構築と学びとが連動していることが重要な点である[3]。

　講師が用意された研修の場に来て何かを提供するという研修の形から、研
究会などの学び合いの形へと変わることによって、自律的な学びの場が形成
される。学びの場の形成には、参加者同士が場に積極的にかかわり、自身で
その場そのものを構成していく。対話型教師研修から始まった学びの場づく
りは、教師による教師のための学び合いの場となり、そうなると、もはや研
修ということばはふさわしくないことになる。

付記：本稿は舘岡（2016）をもとに改稿したものである。

注

1. 林（2006）では、「自己研修型」の次の教師研修モデルとして「参加型」があげられている
   ものの、「自己研修型」への注目が大きい。

2. 協働実践研究会については、以下の URL を参照のこと。http://kyodo-jissen-
   kenkyukai.com/

3. 協働実践研究会の支部設立に関して、池田（2015）は、キーパーソンがいる、課題が共有化
   されている、現地ですでに協働が内包された状況がある、という 3 点が条件となりうると
   いう。

参考文献

池田玲子（2015）「協働実践研究のための海外プラットホーム構築―アジアでの活動に向けて」
　　『言語文化と日本語教育』50 号、pp. 38-50.

石黒広昭（1998）「心理学を実践から遠ざけるもの―個体能力主義の興隆と破綻」佐伯胖・宮崎
　　清孝・佐藤学・石黒広昭（編著）『心理学と教育実践の間で』pp. 103-156、東京大学出版会.

岡崎敏雄・岡崎眸（1997）『日本語教育の実習―理論と実践』アルク.

舘岡洋子（2016）「「対話型教師研修」の可能性―「教師研修」から「学び合いコミュニティ」
　　へ」『早稲田日本語教育学』21, pp. 77-86　http://hdl.handle.net/2065/00051753

林さと子（2006）「教師研修モデルの変遷」春原憲一郎・横溝紳一郎（編著）『日本語教師の成
　　長と自己研修―新たな教師研修ストラテジーの可能性をめざして』pp. 10-25、凡人社.

第4章

中国の日本語教育における協働実践への探求

朱桂栄

1　はじめに

　私は 2000 年から 2006 年まで計 5 年半日本で留学生活を過ごした。学び合いについていくつかの場面が脳裏に焼き付いている。一つ目はゼミでの様子である。大人数のゼミで、全体での討論が多く、だれかが発言するとき、ほかの人は傾聴することが多かった。ある時、全体討論からグループ討論に切り替えられたその瞬間、教室のあちこちから蜂の飛ぶような声が聞こえた。その状況をみて、「だれもが自分の考えを持っているが、全体討論のときにはどうしても遠慮しがちになる」ことが分かった。二つ目は某大学の研究会に参加したときのことである。大きなホールで発題者が発表した後、コーディネーターが会場の参加者に「何かご質問がありませんか」と問いかけたところ、会場はシーンとしてしまって気まずい空気に包まれた。そこでコーディネーターが「まず隣の人と話し合ってください」と指示を出した。すると、会場はすぐに活気にあふれ、その後は会場から多くの質問が出された。このようなことを体験して、「知らない大人数の前で何かを言うのには勇気が必要で、また準備も必要である」ことを実感した。ほかにも、「MDゼミ（修士課程の学生と博士課程の学生との合同ゼミ）」で異なる学年の学生たちが一緒に学ぶことの大切さを感じたり、「文殊の知恵」と呼ばれた課外の小グループ勉強会で多様な刺激を得たりしつつ、他者と関わり合いながら学ぶことを多く経験してきた。

　しかし、2006 年に私が中国に帰国して目にしたのは、ほとんどが教師中

心の授業風景であった。授業中に教師が説明して学生が聞くというスタイルが当然だと思われていた。ここでは、知識の伝達が重視される教室であり、学生同士の協働は必要とされなかった。「先生、正解を教えてください、議論していろいろな人がいろいろな考えがあって私は混乱してしまう」と困ってしまう学生がいたぐらいであった。砂川・朱（2008）は、中国の外国語専攻出身の大学院生が模倣と暗記に頼った受身的な学習スタイルに慣れていて、教師の教えや論文の内容を鵜呑みにしがちで、批判的思考力に欠け、問題発見や問題解決のノウハウが十分に身についていない状況を目の当たりにし、中国の外国語専攻出身の大学院生にとって、自主的・協働的な研究態度の涵養と学術的コミュニケーション能力の向上が必要かつ緊急の課題であると指摘した。そして、その原因の一部を外国語専攻の学部段階での授業方法や学習方法にあるとして、学部では一人でこつこつ努力する学生がよい成績を収めることから「独習型」の学習スタイルに馴染み、他の学生の研究に興味を示したり討論を通じて自らの思考を深めたりするといった協働的な研究態度が培われていないと主張した。

　もちろん、この現象は学部段階だけではない。例えば、2018 年現在、新入生の大学院 1 年生が自分たちの高校生活をふり返って、「試験のとき、「正解」とされる内容を書けば点数が取れるが、書けなかったら点数が取れない。ユニークな考えを書くより「正解」を覚えるほうが点数が取れるんだ」と言っていた。そして、よく聞かれる「1 点差で運命が変わる」といった大学受験生を激励するスローガンについて、ある学生は「それは決して大げさではない。いい点数を取ることはよりいい教育を受けられる保証であり、将来自分の社会における競争力につながるのだ。これは社会発展と教育発展の不均衡による問題かもしれない」という意見を発表した。

　このように学生たちが協働できるかどうかを単に「技能レベル」の問題として扱うべきではない。また、「教師の意識が遅れている」と安易に批判してはならない。そもそも「協働するかどうか」は、その社会の発展状況とも深く関連しているのであり、「協働の必要性」が問われているかどうかだと言えよう。

　池田・舘岡（2007）は「日本語教育における協働は、多言語多文化社会を目指す日本語教育という位置づけのもとに、その構成員となる多文化背景の者同士の「対等」を認め合い、互いに理解し合うために「対話」を重ね、対話の中から共生のための「創造」を生み出すものである」と述べられている。そして、上記 3 要素のほかに「協働のプロセス」と協働主体間の「互恵性」が重視され、「プロセスとは協働する対話のプロセスのことで、一人で行っていた思考に、他者の視点が加わることでそのプロセスが発展する、協働する主体同士のかかわりのプロセスやその成果が両者にとって意義あるものとなる」と論じられている。いま、改めて読んでみるとき、「だれとだれの協働」、「何のための協働」ということが考えさせられる。例えば、池田・舘岡（2007）の記述の中には「多言語多文化社会を目指すため」「互いに理解し合うため」「共生のために」のフレーズが目立っている。

　中国国内の中国人学生を対象とする教室場面、中国国内の中国人日本語教師を対象とする研修場面、また中国人と日本人がともに参加するコミュニティにおける交流場面などいろいろな学びの場が想起できる。それぞれの場面における協働の様相は参加者の構成や目的などによって違ってくることは言うまでもない。

　なんといっても、私が帰国して十二年の間、中国社会も大きく変容し、中国の高等教育における人材育成の目標が転換され、その中で中国の日本語教育が直面する課題も変わってきている。こうした過去と現在を踏まえた上で、中国の日本語教育における「協働実践」への探求を述べたい。以下は、まず中国の高等教育における人材育成の目標の展開について述べる。

2　中国の高等教育における人材育成の目標の転換

　中国では、20 世紀 70 年代〜90 年代はエリート教育時代と呼ばれた。高等教育の募集人数でいうと、1979 年には 28 万人、1982 年には 32 万人、1986 年には 57 万人、1990 年には 61 万人、1994 年には 90 万人、1998 年には 108 万人というように少しずつ増えてきていた。しかし、1999 年より大学の募集規模が拡大され、高等教育の募集人数は、1999 年には 160 万人、2000 年

には 221 万人、2002 年には 321 万人、2004 年には 447 万人、2005 年には 505 万人、2009 年には 629 万人、2012 年には 685 万人というように急増し（伏泉 2013）、中国ではいわゆる高等教育大衆化時代に突入した。

　2010 年代以降、世界情勢としてグローバル化社会、情報化社会がさらに進んでいる。世界規模で人材育成に対して、思考力、協調性と創造力が求められるようになっている。中国教育部は、教育全体の質を向上させるために複数の公文書を発布した。例えば、2010 年の「国家中长期教育改革与发展规划纲要」（日本語訳：国家中長期教育改革と発展計画要綱）の発布、2012 年の「教育部关于全面提高高等教育质量的若干意见」（日本語訳：教育部による高等教育の質を全面的に向上させることに関する若干の意見）の発布により、人材育成の目標および養成方式に関する改革の方向性が示された。具体的には、教育方法の改善、試験方法の改革、学習プロセスへの重視、能力への評価などの内容が含まれている。

　さらに、2017 年 10 月の「第 19 回中国共産党全国代表大会」報告によると、新しい時代における中国経済が「高速な増加」から「高レベルの発展」へと転換したと述べられている。教育事情も同じことが言える。教育の質の向上を実現するために、2018 年 1 月、教育部が「普通高等学校本科专业类教学质量国家标准」（日本語訳：「高等教育における専攻教育の質に関する国家基準」を発布し、各専攻の人材育成の目標、規準、カリキュラム、教師養成、教育環境、質的保証などについての要求が明記されている。続いて、2018 年 9 月には習近平総書記が「全国教育大会」において、「創造型、複合型、応用型」人材の育成を重点とすると指摘している。このように、社会の発展に伴い、中国の人材育成の新たな目標が示され、何よりも教育の質的向上が求められていると言えよう。

3　中国の高等教育における日本語教育の直面する課題

　高等教育の急速な発展のもとで、中国の日本語教育も急速な発展ぶりを見せてくれた。まず、中国の大学における日本語学科数は 1984 年には 45 箇所、1990 年には 86 箇所、2001 年には 110 箇所であったのに対し、2011 年には

466 箇所、2013 年には 506 箇所までに急増した。次に、大学の日本語学習者数は、1993 年には 81,335 人、1998 年には 95,658 人であったのに対し、2003年には 205,481 人、2006 年には 407,603 人、2009 年には 529,508 人、2012年には 674,005 人と急激に増えている。さらに、日本語教師数は、1993 年には 2,191 人、1998 年には 2,513 人であったのに対し、2003 年には 3,437 人、2006 年には 7,217 人、さらに 2009 年には 9,450 人に増えたことがわかった（修・李 2011、朱 2016）。これらの数字から、2000 年以降、中国の日本語教育は急速なスピードで規模を増大してきたと指摘できよう。

　高等教育全体における人材育成の目標の転換とともに、外国語教育における人材育成の目標の転換も見られた。例えば、新中国成立後、技能を重視し、読む力と翻訳する力を持つ「道具型」人材を育てることに力が注がれてきた。しかし、改革開放とともに、外国語だけでなくほかの専門知識を持つ「複合型」人材の育成へと目標が変わり、さらに、中国の WTO の加入により、国際社会で創造的に問題を解決できる「創造型」人材の育成が求められるようになった（王 2005）。人材育成の方向性の提示とともに、外国語教育のあり方への様々な見直しも行われるようになった。

　修（2016）は、「わが国の日本語教育における課題と展望―専攻日本語教育を例として」という講演において、インターネット＋α という時代の中で中国の日本語専攻学習者の就職が厳しくなったこと、複雑な国際関係の中で一部の日本語学科の募集人数が減少したこと、素養や応用型人材への重視から日本語授業の改善を進めなければならないことを例として、中国の日本語教育が多くの変化と挑戦に直面していると指摘している。さらに、改革の方向として、人材育成の目標の多様化、多様的かつ総合的な能力の養成、日本語教育の精緻化、教師の役割の転換、学術型・応用型人材の中身の充実などを提起している。

　また、先述した「普通高等学校本科专业类教学质量国家标准」（教育部、2018 年 1 月）の中で、外国語学科について次のように要求されている。まず、素養について、外国語専攻生が正しい世界観、人生観と価値観を有し、道徳的で、中国への愛国心、国際的な視野、社会責任感、人文と科学の素養、

協働精神、創造精神及び学科の基本的素養を持たなければならないと規定している。次に、知識について、外国語専攻生が外国語の言語知識、外国文学知識、各国と地域に関する知識、中国語と中国文化に関する知識、専攻知識と人文社会科学と自然科学に関する基礎知識を有し、学際的な知識構造を持たなければならないと規定している。また、能力について、外国語専攻生が外国語運用能力、文学鑑賞能力、異文化コミュニケーション能力、思考力及び一定の研究能力、創造力、ＩＣＴ応用能力、自律学習能力と実践能力を持たなければならないと規定している。

　言うまでもなく、これまでの正しさを重視し、こつこつ努力をすればよい成績が取れる「独習型」学習スタイルがすでに時代のニーズに応えられなくなり、新しい時代の人材育成にふさわしい学びのあり方が求められているのである。

4　中国の大学の日本語教育における協働実践の実態

　朱・林・池田・舘岡（2014）によると、80 年代において中国の教育学の研究分野で「協働学習」が新しいものとして紹介された。90 年代において、協働学習に関わる教育観や、学習者の発達、学習活動のプロセスが教育学の研究者によって注目された。2000 年以降、構築主義の影響により、教育分野では協働学習の実践面がやっと注目されるようになった。しかし、その当時は外国語教育分野では協働学習があまり応用されていなかった。

　外国語教育では、これまではエリート教育のもとで優秀な人材を多く育ててきたのだが、教師中心の授業スタイルで、教師と学生が縦の関係にあるのが一般的であった。つまり、教師が教えるのに対して学習者が聞く役であり、教師が評価するのに対して学習者が評価される側であり、また学習者同士が競争し合う関係であることが多く見られた。上述したように、21 世紀に入って人材育成の目標が転換された中で、いかにして教育の質を高めるかが教育現場の課題となっている（趙・林 2011）。また、いかにして学習者の主体的な参加を実現できるかも注目されるようになった。言い換えれば、教師と学習者が対等の関係で学び合い、学習者同士も助け合い、学び合い、評価

し合うような横のつながりを経験できるような授業の展開が期待されている。

　一方、日本語教育現場では協働学習の展開は多くの課題に遭遇している。朱・林・池田・舘岡（2014）によると、中国の日本語教育現場では協働学習を行っている教師も行っていない教師もいる。協働学習を行っていない教師の理由として、「授業時間数が少ない、授業内容が多い、複数のクラスの進度が統一できない」などが挙げられている。一方、協働学習を行う教師の中でも協働学習に対する理解もまちまちであり、特徴として「創造型協働学習」と比べ、「互助型協働学習」が多く見られると指摘できる。この二つの学習は、筆者が中国の協働学習の実態を観察したうえで名づけたのである。「創造型協働学習」とは、正解のない課題に対して、お互いに意見や考えを述べ合い、新しい認識を得、創造性のある結論を導く学習である。一方、「互助型協働学習」とは、正解を得るために、または早く正しく課題を完成させるために互いに情報を提供し、助け合う学習である。無論、この二つの協働学習の状態はそれぞれの目的があり、実施する場合、現場の状況によらなければならない。現在、「互助型協働学習」を認めつつ、いかに「創造型協働学習」を実現できるかが中国の多くの教育現場での課題となっている。なぜなら、「創造型の日本語人材」を育成するために、「創造」を目標とする学習の場が不可欠だと考えられるからである。

　朱・林・池田・舘岡（2014）の中には、中国で協働学習を行う授業実践例が紹介されている。授業観察の対象となった複数の大学の日本語学習者に協働学習の効果について聞いた。学習者が以下のように答えている。①リラックスでき、面白い、活発な授業の雰囲気が醸成できる、②問題解決に有効で、学習効果を高められる、③創造力と多角的に考える力の育成に有効である、④分かち合い、協力しあうという心の育成に有効である、⑤学習者同士の友情を深めることができる、⑥自己表現の舞台が得られる、⑦学習の自律性の向上に有効である。このようなフィードバックから、学習者は協働学習の効果を認めていると言えよう。

　一方、付陶然（2018）は中国人日本語教師 125 名を対象に、協働学習実施時に感じる困難点についてアンケート調査をした。調査の結果、教師たちが

協働学習の準備段階、実施段階、外部環境、教師の理念など多くの側面にわたって困難点に遭遇したことが分かった。その中では特に実施段階の困難点がもっとも多かったことが示された。以下、各側面における問題点を具体的に見てみよう。まず、準備段階では学習者のレベルを考慮し、難易度の適切なタスクと題材を選ぶのが難しい。そして、実施段階では、学習者の参加度、学習者の関係構築、教師の支援、学習効果と効率をめぐり様々な困難が生じている。外部環境について、教室環境や設備の不備、大人数の授業が挙げられた。さらに、理念上の困難点として、学習者と教師の学習観との相違や、協働学習の特徴と教師の言語教育観との相違が挙げられた。つまり、現在、中国の日本語教育現場では協働学習を実施することが決して容易なことではなく、効果的な実施につながる教師の専門性を向上させなければならない。また、協働学習に関する授業実践の共有や授業実践の研究成果を交流する場が必要とされているのである。

　中国での協働実践については、教師のコミュニティとしての「北京協働実践研究会」について触れなければならない。当初、日本での学術組織である「協働実践研究会」の中心メンバーである池田玲子氏と舘岡洋子氏の呼びかけを受け、2011 年に「協働実践研究会北京支部」が設立し、現在北京協働実践研究会として運営している。2013 年に北京協働実践研究会では演劇ワークショップを実施したりして模索していた。事前調査の結果、公の場で自分の意見や考えを述べることが一番難しいことだと示された。これは、北京協働実践研究会が協働時のコミュニケーション能力が重要だという認識と一致している。「いかに勇気を出してみんなの前で自己を解放できるのか」という課題を認識し、演劇分野からヒントを得ようとして取り入れた活動は学習者から高く評価された。例えば、コミュニケーションするときの苦手な部分を克服するためのヒントや練習の機会が得られたというよさが挙げられた。一方、演劇の手法については、日本語学習の具体的な内容とどのように結びつけたらよいかという新たな課題も生まれた。その後、北京協働実践研究会は、日本語教師や教師志望の大学院生に対する「協働型教師コミュニティ」の場の提供を目的とし、活動が展開された。「①協働について知る、

78

②参加者自身が協働学習に参加する、③協働学習とは何か、いかに実践・実現していくのかを考える、④持ち場である教室で協働学習をやってみる、⑤参加者自身の協働学習の実践を持ち寄る、⑥勉強会で学んだ協働学習、応用した協働学習を教室に持ち返り、再度活用する」という 6 つの目標（「六つのる」と略称）を立て、協働学習の実体験と理論的学習の機会を提供している。その背景には、「協働」は柔軟性、可変性をその性格とし、その場、その場において無数の具体性がありうるもの（朱・林・池田・舘岡 2014）と言われているように、現場の状況に応じて、協働は様々な形があると認識されているからである。協働実践の醍醐味は、協働実践を通してしか得られない。そこで、まず実践者には、仲間と協働しながら様々な日本語教育実践への参加が不可欠であろう。また、学習者側の協働や、組織側の協働が必ずしもうまくいくとは限らない。そこで関わるもの同士が、挫折しないこと、無理しないことが肝心なのであろう。

5　今後の展望

　これまで中国での協働実践への探求の道のりを述べたが、一方、日本の日本語教育分野では初めてピア・レスポンスを実践したのは池田玲子（1998）である。20 年間の中で、日本での協働実践も大きく発展した。しかし、様々な協働実践について、寅丸（2015）が①言語形式の習得の場としての教室観、②言語技能獲得の場としての教室観、③人間形成の場としての教室観など三つの教室観の混在を指摘した。広瀬・舘岡・池田・朱（2016）は、協働の学びを捉え直し、教室活動が何を目指しているかが明確にされなければ、協働を起こすこと自体が目的化してしまい、そのために言語教育観の転換が必須だと強調している。以上、見てきたように、協働実践を行うには、教師の言語教育観への吟味が必要不可欠であろう。

　また、石黒らが（2018）『どうすれば協働学習がうまくいくか—失敗から学ぶピア・リーディング授業の科学』という本に示したように、成功例だけではなく、むしろ失敗例からも多くのことを学ぶことができると思われる。そして、協働、つまり、対話による教育法のすばらしい点ばかりではなく、

むしろその弱点をも直視することも必要であろう。石黒は上記の本の中で授業研究を通して対話による教育法の弱点について、専門的な知識を補う、議論の隘路から抜け出す、参加者のバランスをとるなどの課題があると指摘した。そして、補う方法として、意図を明確にする、一つの意見にまとめない、盲点を意識するなどを提唱している。これらの見識は教育現場の教師たちに役立つものであろう。

　一方、教育実践はマニュアルどおりに実施できるようなものではない。貴重なアドバイスとして本に書かれていても、実施側がそれを具現化したとしてもその実践は必ずしも成功するとは限らない。肝心なことは、教師は二つとない実践を諦めずに常に授業を改善していくことである。

　現在、中国の日本語教育は精緻化の段階に入り（修 2016）、教育の質的向上が求められている中で、教師の教育観の吟味と転換が迫られている。中国の教育現場では、よい授業を実現することがどの教師にも求められている。協働学習の実施が増えていく中で協働学習の質も問われている。そのために、協働実践を担当する教師の教育観が問われ、何のための協働学習なのかも再吟味する必要が生じている。日本語教師が協働実践について様々な疑問があることは、協働実践の研究を始めるきっかけであると言えよう。その場合、北京協働実践研究会が提唱したように、教師が協働学習に参加し、教師仲間との協働作業を経験することが必要である。教師が協働的なコミュニティの中で一人ひとりの悩みや経験を分かち合い、協働学習への理解をたえず深めていくことが教師の専門性を高め、また教師の自己成長を実現させる「早道」なのであろう。

参考文献

池田玲子（1998）「日本語作文におけるピア・レスポンスの効果—中級学習者の場合」お茶の水女子大学大学院修士論文.

池田玲子(1999a)「ピア・レスポンスが可能にすること—中級学習者の場合」『世界の日本語教育』9 号、pp. 29-43、国際交流基金.

池田玲子(1999b)「日本語作文におけるピア・レスポンスの効果—中級学習者の場合」『言語文

化と日本語教育』17 号、お茶の水女子大学日本言語文化学研究会、pp. 36-47.

池田玲子(2004)　「日本語学習における学習者同士の相互助言」『日本語学』第 23 巻 1 号、pp. 36-50、明治書院.

池田玲子・舘岡洋子（2007）『ピア・ラーニング入門―創造的な学びのデザインのために』ひつじ書房.

石黒圭・胡方方・志賀玲子・田中啓行・布施悠子・楊秀娥（2018）『どうすれば協働学習がうまくいくか―失敗から学ぶピア・リーディング授業の科学』ココ出版.

舘岡洋子（2005）『ひとりで読むことからピア・リーディングへ―日本語学習者の読解過程と対話的協働学習』東海大学出版会.

国際交流基金編集（2013）『海外の日本語教育の現状－2012 年度日本語教育機関調査より』DVD、くろしお出版.

寅丸真澄（2015）「日本語教育実践における教室観の歴史的変遷と課題―実践の学び・相互行為・教師の役割に着目して」『早稲田日本語教育学』17 号、pp. 41-63.

砂川有里子・朱桂栄（2008）「学術的コミュニケーション能力の向上を目指すジグソー学習法の試み―中国の日本語専攻出身の大学院生を対象に」『日本語教育』138 号、pp. 92-101.

朱桂栄・駒澤千鶴・菅田陽平（2015）「協働を学ぶということをいかに捉えるのか―北京協働実践研究会の活動から見えたもの―」2015 年異文化コミュニケーションと日本語教育国際シンポジウム要旨集.

駒澤千鶴・朱桂栄・菅田陽平など（2016）「「協働実践」から「創発」へ―協働実践研究会北京支部の活動から見えたもの」第10 回協働実践研究会　特別セッション「教師による協働の可能性と展望」発表資料.

菅田陽平・朱桂栄・駒澤千鶴（2016）「北京協働実践研究会の実践から考える「協働」における「創造」とは」『日本語教育基礎理論と実践シリーズ叢書』全巻刊行記念「日本語教育学の理論と実践をつなぐ」国際シンポジウム.

朱桂栄・駒澤千鶴・菅田陽平（2016）「北京協働実践研究会の実践から中国大学日本語教育への発信」全国高等学校大学日语教学研究会第八届全国大学日语教学与研究学术研讨会　発表資料.

広瀬和佳子・舘岡洋子・池田玲子・朱桂栄（2016）「協働の学びを捉え直す」2016 年日本語教育国際研究大会パネル発表.

付陶然(2018)『日本語教師の協働学習実施についての現状調査―困る程度が異なる教師の事例を通して』北京外国語大学修士論文.

【中国語】

伏泉（2013）新中国日语高等教育历史研究 上海外国语大学博士学位论文.

王金洛（2005）关于培养创新型英语人才的思考《外语界》5、9-15.

朱桂荣（2016）「第六节 日语」《2015中国外语教育年度报告》外语教学与研究出版社.

朱桂荣·林洪·池田玲子·馆冈洋子（2014）《日语协作学习理论与教学实践》高等教育出版社.

赵华敏·林洪（2011）教学理念的变迁对中国大学日语教育的影响,《日语学习与研究》4,64-74.

修刚（2016）我国日语教学的问题与展望-以专业日语教学为例，2016年全国高校日语系主任及全国骨干教师论坛 报告资料.

修刚·李运博（2011）《中国日语教育概览1》外语教学与研究出版社.

第5章

台湾での協働実践研究のための教師研修

罗曉勤・荒井智子・張瑜珊

1　はじめに

　近年、IT 技術の進歩や普及により、学校や教室に行かなくても、誰でも簡単に情報を入手したり知識を習得したりすることができるようになっている。そして、こうした変化により、知識の伝授を主体としていた学習現場においては、大きな学習パラダイムシフトの到来を受け入れざるを得ない状況になってきているのは言うまでもないことであろう。こうした学習パラダイムシフトの到来の中、台湾においても、1995 年に「推動多元教育（多元的な教育の推進）、提升教育品質（教育品質の向上）、開創美好教育遠景（素晴らしい教育未来の創造）」という理念の下で、「中華民国教育報告書（教育白書）」の青写真が公表され、これは台湾の教育改革の原点だとも言われてきた（呂 2015）。また、この青写真が公表されることにより、教育改革の理念の推進には現場の教師の協力が必要だという声が高まり、教育機関が教育部の政策に基づき現場教師に対して教師研修への参加が求められるようになった。ただ、こうして行われた教師研修には、自主的に参加するというよりは、参加せざるを得なかったといった教育関係者も見受けられる。しかし、一方では、教育改革の理念に賛同し、教師研修に意欲的に参加するとともに、自らの教育現場を省みつつ、その理念にかなうべく学習者中心の教授法を模索したり思案したりする教師ももちろんいた。そして、これらの教師の中には、自身の開設した Facebook やブログなどを介して、自分の理念や教案を関係者とシェアしたり、同じく現場で活躍する教師の悩み相談を受けたりするこ

とで、関係者間の連携を構築したり、自身の実践現場で得られた学習者の成長を表す作品を公開するなど、教師たちに情報を与えようとしたり働きかけたりしたことで、相応の影響や反響があった。例えば、学習者の主体性や協働性などを念頭に置きながら、教育現場へ各種技術を導入したり、さまざまな教材開発や教案の共有を積極的に行ったりされた台南大学付属小学校の温美玉氏[1]、爽文中学校の王政忠氏による MAPS 教授法[2]、元・中山女子高校教師の張輝誠氏が提唱した学思達（Share star）法[3]、台湾大学の葉丙成氏のBTS[4] などが徐々に脚光を浴びるようになり、現在では相応に認知されている。また、呂（2015）は、台湾で教育改革が唱えられてからおよそ 20 年を経過した 2015 年は、台湾における教育改革の一つの大きな転換期だと述べている。従来、教育改革に伴う教師研修は、おおむね国の政策に基づいたものであり、いわば、やらざるを得なかったものである。そのため、研修の内容や教育改革の方向性に、教師自らが積極的に関与することがなかったと言えるような状況であった。しかし、その後の台湾の教育現場では、従来のような政策的な制度面を主体とした教育改革ではなく、教育現場にいてそこで活動する教師たち自らが発起し、インターネットを利用して幅広く情報発信したり、コミュニケーションツールなどを利用して教師同士で情報の交換や共有をしたりした。こうした活動が、民間の教育促進組織やメディア関係にも注目されるようになり、そうした組織やメディアとの協力関係が構築され、教師主導の研修会なども開催されるようになった。さらに、こうした傾向が政府の教師研修を管轄する部門にも注目されるようになるなど、まさに、官民一体となった社会運動に発展したのである。また、教育界におけるこうした風潮やその影響は、台湾だけにとどまらず、アジアの中華圏でも注目されるようになり、王政忠氏の MAPS 教授法 、張輝誠氏の学思達（Share star）法 、葉丙成氏の BTS といった各教授法は、中国、香港、マカオ、シンガポール、マレーシア、ベトナムにも上陸し、各地でも多くの教師研修会が開かれるようになった（呂 2015）という。そして、上に挙げた教授法は、2018年現在において、年間 100 以上の教師向け研修が実施されるなど、台湾における初・中・高等教育で大きな注目を集めている。そのため、各教授法

84

では、提唱者の他に中心となる講師を養成するなどし、こうした講師たちが自身の担当する科目の教師へ積極的に呼び掛けるべく、Facebook や Line などといった SNS などでページを開設するといった動きも活発である。つまり、池田（2015）で取り上げられたプラットホームの形成や運営といったものが、台湾の初・中・高等教育においても見られるのである。

　では、教育改革のこうした流れの中で、台湾の日本語教育はどういった状況にあるのか。ここでは、高等教育を中心に取り上げるが、台湾の日本語教育界やその現場においても、日々の振り返りから、教育改革の必要性を感じる教師は少なくないように思われる。そうした中、2007 年 2 月に日本交流協会[5] による日本語教員研修において、学習者を主体として、その生きる力の育成を目的とした協働教育実践が紹介され、現在の台湾協働実践研究会（旧・協働実践研究会台湾支部。以下、台湾研究会とする）[6] が発足する契機となった。そして、池田（2015）でも触れられているように台湾研究会は、プラットホームとしての機能が構築されており、現在においても活発に機能している。しかし、台湾協働実践研究会は、その創立から現在まで右上がりの発展を遂げてきたものではない。本稿[7] では、こうした台湾研究会の発足から現在までの遍歴やプロセスを紹介した上で、台湾研究会のプラットホーム内における教師間の協働の実態を述べ、日本の協働実践研究会や他の国や地域の協働実践関連の研究会と連携したプラットホーム形成の可能性を示し、最後に、台湾協働実践研究会の今後のビジョンなどについて述べたい。

2　台湾協働実践研究会の確立プロセス[8]

　まず、台湾研究会の発足から現在までの歩みを視覚化して表すと、おおむね以下の図 5.1 のようになる。

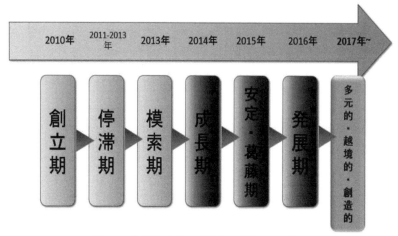

図 5.1　台湾研究会の発足から現在までの遍歴

　上掲の図 5.1 で分かるように、現在においては相応の活動を行っている台湾研究会ではあるが、発足から順調に発展してきたものではなく、創立期（発足当初の 2010 年）→停滞期（2011〜13 年）→模索期（活発な活動が再開された2013年）→成長期（台湾科技部)[9]より補助金を獲得した2014年）→安定・葛藤期（2015 年）→発展期（2016 年以降）といった歩みを経てきた。台湾研究会のこうした歩みを振り返るに当たっては、活動の内容と教師メンバー間の協働の形態などにより、次のような三つの段階に大きく分けることができる。まず、第 1 段階として〈創立期〉〈停滞期〉、次いで第 2 段階として〈模索期〉〈成長・安定・葛藤期〉、最後に第 3 段階として〈発展期〉〈多元・越境・創造期〉といったものである。もっとも、こうした各期は明確に区分できるものではなく、台湾研究会の活動やプラットホームの形成の過程を述べる上で、便宜的に示したものであることは、あらかじめご承知いただきたい。では、こうした各期の活動の様子や教師間での協働の実態について引き続き述べる。

2.1　第1段階：〈創立期〉および〈停滞期〉における歩み

　前述したように、協働教育実践が台湾に導入された契機は、当時の日本交流協会が 2007 年 2 月に日本語教員向けに行った研修での講演である。これは、池田・舘岡の両氏による日本語教育における「ピア・ラーニング」の概念に対して、当時、自身らの教育現場の在り方に問題意識を抱いていた数人の教師と、研究テーマに悩んでいた一人の大学院生（以下、S 院生とする）の心を動かした。その後、台湾では、日本語作文の教育現場にピア活動を取り入れた実践論文 [10] はいくつか見られたものの、実践に関連する問題などを教師間で共有するプラットホームの形成まではされていなかった。

　その後、協働実践研究会日本本部が 2010 年 10 月に成立したことに合わせて、台湾研究会の前身となる協働実践研究会台湾支部が立ち上がった。なお、この台湾支部発足に際しては、S 院生と大学教師である筆者の羅と荒井とが中核的なメンバーとなり、活動場所の確保や集会の日程調整などを行い、その創立を迎えたのである。その後、2 カ月に 1 回程度の頻度で協働学習関連の文献を講読するなどの活動を行う傍ら、ピア・ラーニングの概念を台湾の学術界で披露していただくべく、筆者らが所属する台湾日本語文学会に対して池田氏の講演招聘を働きかけ、実施にこぎ着けた。しかし、その後、台湾では大学改革の機運が高まり、メンバーである教師の多くが昇格を求められる状況となり、さらに S 院生の台湾研究会辞任も重なるなどしたため、時間的な余裕や場所の確保などの事情や制約により、2011 年 5 月ころ〜13 年 10月の間、台湾研究会の集会はやむを得ず休止することとなった。ただ、この期間においても、個々の教師や研究者による協働学習関連の研究活動は台湾でも継続されていたようで、学会などでの口頭発表では詳細がはっきりしないものの、論文検索システム [11] で「日本語教育」と「Peer learning」もしくは「Peer response」などをキーワードとして論文や学術書を調査したところ、同期間において、論文 4 本の学会誌への掲載と、学術書 1 冊の出版が確認できた。

2.2 第2段階:〈模索期〉〈成長期〉〈安定・葛藤期〉における歩み

　組織としての休止状態であった台湾研究会であるが、2013年11月に東京海洋大学で開催された「第6回協働実践研究会―日本語教育における協働学習実践研究シンポジウム」がきっかけとなり、その活動の再開を模索する動きが出てきた。なぜなら、当時日本協働実践研究会のメンバーである筆者の張が、ちょうど日本での留学を終えて台湾に戻ってきたことから、筆者の羅は台湾研究会の活動再開ために声を掛けた。そして、羅や張、荒井らを中心に、協働に興味を持つ教師への呼び掛けをした。また、支部の集会場所として、交通などの利便性の高い日本交流協会にある研修会用教室の手配をしたり、活動再開に向けたミーティングを行ったりし、少人数ではあるものの、2013年12月に台湾支部の活動再開を迎えることができたのである。また、同時に台湾の科技部（日本の独立行政法人日本学術振興会に相当）に学術研究グループとしての補助金を積極的に申請するとともに、今後の活動の方向性や在り方などについて模索した。これが、台湾研究会の第2段階として〈模索期〉である。そして、台湾研究会としての運営を考えるにおいて、各メンバーの意見を集めたところ、日ごろは仕事に追われているため、落ち着いて勉強したり、理論や実践について意見交換や話し合ったりする相手が見つからないといったものが多く見られた。そのため、「理論」「勉強」「話し合う相手」といった三つの点に着目し、まずは輪読会を実施することとした。そして、ピア・ラーニングに関連する心理学やバフチンの対話などをテーマとした輪読会を中心たした活動と合わせて、一度だけではあったが親睦を深めるための旅行も開催した。これが、〈模索期〉における活動であり、7人ほどの少人数での活動であったが、全員が大学に所属する教師であることと、その教育理念が比較的に近いということもあり、少しずつではあるが台湾協働実践研究会の確立に向かって歩み始め、そこに継続性ができたのではないかと思う。

　そして、〈成長期〉となる2014年7月からは幸運なことに、1年間の期間限定であったが、2014年7月に学術研究グループとしての補助金[12]を得ることができた。そして、おおむね月1回のペースで輪読会を引き続き実施する

とともに、専門家である池田氏を日本から台湾へ招いての講演やワーク
ショップ、そして座談会も数回にわたり開催した。なお、学術研究グループ
の助成金においては、専門家の招聘は一人だけという規定がある。しかし、
台湾研究会が主催する活動を応援すべく、日本協働実践研究会から協働実践
研究者4名（トンプソン美恵子氏、房賢嬉氏、原田三千代氏、広瀬和佳子氏）
が駆けつけて、ワークショップの進行役や自らの教育実践の発表を行った。
また、台湾の日本語教育関係者からの協働実践に関連した発表がなされたり、
高校の教師や他校の院生がワークショップに参加したりということもあった。
すなわち、この〈成長期〉は、台湾協働実践研究会としての運営のリズムを
確立し、初めて台湾協働実践研究会のメンバー以外の外との繋がりもできた
時期とも言えよう。また、この期間限定の助成金の獲得により、〈成長期〉
においての意味は、以下のような点が考えられる。先にあげた助成金の獲得
により、定期的に開催する勉強会に参加するメンバーに対して、交通費を支
払うことができるようにもなった。これは、特に遠方から参加するメンバー
にとっては大いに助かるもので、助成金の獲得は、専門家を招聘しての講演
などといった大きなイベントのみならず、日常的な活動にも大いに有益で
あった。そして、メンバーたちが定期的に会うことで会の運営に、ある種の
リズムがもたらされ、助成金の給付が無くなってからも、2カ月に1回程度
と、やや頻度は落ちたものの、台湾研究会として文献講読を主体としたメン
バーの集まりが続いている。これは、メンバーたちにとって、自らの教育実
践を分かち合える不可欠な場として、研究会が認められ成長してきた証し
ともいえよう。ただ一方では、将来の発展を考えるにあたって、多少の不安
も見え隠れしつつあった。羅・張・荒井ら（2016）は、台湾研究会の活動に
ついて、2016年1月9日に行われた台湾研究会の集会を利用して、研究会メ
ンバーたちを対象としたグループインタビューの調査を実施した。その結果、
台湾研究会のメンバーである教師らは、輪読会で得られた知識や理論によっ
て自らの教育実践への意味付けや理論付けができることに満足している一方
で、悩みも抱えていたことが分かった。それは、①教師らがそれぞれの教育
現場の情報を共有するに際し、その場がストレス発散の場として雑談に流れ

やすい、②一部のメンバーにおいては、輪読会で得られた知見をどのように現場にフィードバックし、実践研究に還元できるかといった、その具現化の方法を模索している状態にある、③協働の成果としての、いわゆる協働学習で培えた能力の示し方として、台湾研究会のメンバー以外の他者にいかに分かってもらえるようにするか、④本質を理解しないまま、ただ単に一種の流行として協働学習やその実践を現場に取り入れてほしくない、といったものであった。台湾研究会の活動や輪読会の輪をいかに広げていくかといった葛藤が見えた。ここに研究会の課題や問題が浮き彫りとなった。こうした時期が、いわば〈安定・葛藤期〉で、その状況や課題などについて、整理して視覚化したものを、以下に図5.2として示す。

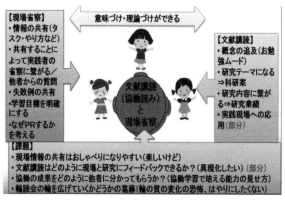

図5.2　台湾研究会のメンバーから見た研究会の意義および課題

　こうした課題のうち、①については、参加者らの意識を高めることで、相応に解決が図れると思われるが、他の3点については検討と改善が求められるものであり、台湾研究会は、こうした〈安定・葛藤期〉を経て、これ以降の研究会の将来的な課題を見据えつつ、次の段階に進むことになる。

2.3　第3段階：〈発展期〉〈多元・越境・創造期〉の歩み

　台湾研究会は、今後の活動において、少しずつでも諸課題の解決を図るべ

く、2016 年に入ってからも、さまざまなことに取り組んだ。その一つとして、まずは、安定的な活動の維持を目的とし、2014 年に引き続き、台湾の科学技術部に学術研究グループ補助金の申請を行った。その結果、再び補助金を獲得でき [13]、これは、課題の解決に向けて、前に進むのに大いに役に立ったものである。

　まず、具体的な活動の一つとして、日本の協働実践研究会のウェブサイトにより、2015 年 9 月にタイで開催される第 9 回協働実践研究会で、教育改善あるいは教育業績の評価となり得る対話型のティーチング・ポートフォリオ（以下、対話型 TP とする）のワークショップが実施されることを知り、それに参加したことが挙げられる。対話型 TP は、教師自らがその教育活動について振り返り、それについて記述し、その内容を裏付けるエビデンスを付加するといったもので、前節で挙げた課題③の、「関係者以外の他者に協働学習の成果をいかに理解してもらうか」といった点を課題とし、筆者ら（羅・荒井・張）はタイに向かった。そして、ここでの最も大きな意義として、日本以外の国や地域に行くことにより、他国・地域の協働実践の研究組織や研究者とのつながりが得られる可能性が見られたことが挙げられる。台湾研究会は、従来、日本の協働実践研究会との交流をさらに進めていた。しかし、これでは、日本での協働実践研究と台湾でのそれとの関係のみで、いわば点と点で結ぶ線的なつながりである。だが、それ以外の関係者とのつながりを構築することで、面的なプラットホームの形成できると考えられる。また、日本以外の日本語教育現場と交流することは、海外ならではの情報を得ることができたり、海外だからこそ抱える共通した問題点を把握したりしながら、その解決案を模索する機会ともなり得ると考え、協働実践のみならず、幅広い地域との交流の必要性を感じたのも事実である。

　その後、2016 年 5 月から 6 月にかけて、タイでの第 9 回協働実践研究会で対話型 TP を勉強してきた羅・荒井・張が説明役となり、台湾研究会のメンバーたちと一緒に対話型 TP の作成を体験した。そして、その成果として、メンバー各自が検討したいと考える科目を設定し、実践概要の簡略な書き出しと、その分類や分析といった作業を終える段階まで進むことができた。た

だ、TP の概念に基づく手順によって分析したものを検討し、それを整理して提示することで、実践報告や実践研究の論文になり得る可能性も感じたものの、実際にどのようにしてレポートや論文としてまとめられるかといった点についての具体的な手法までには至ることができず、こうした点が新たな課題となった。しかしながら、対話型 TP の作成を体験したメンバーたちからは、さらにより深くそれを体験したいといった声が上がった。そして、TP をより深く体験するといったことは、先に挙げた課題の②を解決する糸口になるのではないかとのアドバイスもあり、2017 年 3 月に、TP の専門家である金孝卿とトンプソン美恵子の両氏を講師として台湾に招き、他者と対話することで「深い」自己省察を目指すことを目的とした合宿形式の研修会を実施した。このように、教師自身の省察や研さんを目的とした研修会の開催は、活動の多元化を試みた実施により、台湾研究会は安定・葛藤の時期を経て、さらなる発展の道を歩み始めたのである。

　また、先にあげた TP の体験で、"対話"というキーワードに触れてその必要性や重要性を認識したメンバーたちは、「対話」と日本語教育実践とのつながりについて探求したいと考えた。そこで、大阪大学の西口光一氏や劇作家で演出家の平田オリザ氏を招き、対話をテーマとしたワークショップを実施した。これらいずれのワークショップも、関係諸氏のご尽力により、開催が実現したもので、相応の評価と成果が得られた。特に、平田オリザ氏によるワークショップは、日本台湾交流協会の協力により公開講座開催となり、大変、意義深いことであった。そして、こうした活動を通じて、日本語教育界全般とのつながりや情報発信の重要性をより認識したことから、SNS 上に以下の図 5.3 のようなページを開設し、これを介して研究会の活動を告知するなど、教育現場の内外に台湾研究会やその活動の情報が発信されることとなった。

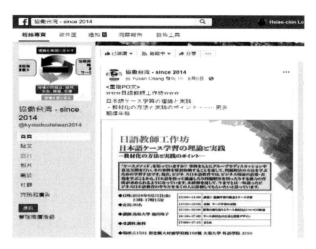

図 5.3　Facebook 上の台湾研究会のページ

　こうした出来事は、公開講座の開催により、協働の実践や理論とその有用性を他者に伝えることの大切さや必要性に気付き、台湾研究会やその参加メンバーの一連の活動や成果が、いわば「形」となって世の中に知られる契機を得たものである。また、研究会で培った能力をメンバーそれぞれが自身の実践現場に還元するだけではなく、協働実践に興味を抱いたメンバー以外の人々と対話する機会となり、さらにそこで創造（再構築）した成果を自らの糧としてより幅広く他者とつながるきっかけを得ることもできた。そして、こうした収穫は、先に挙げた課題の③と④とに向かい合うことによりもたらされたものであるとも考えられるのである。

　この他、台湾研究会は、海外の日本語教育現場で主体的な学びが導入された実践研究やその成果について、内外に広く知ってもらうべく、書籍として出版することを決定し、2018 年夏からメンバーたちが執筆を開始した。これについては、2019 年 5 月の時点ですべての原稿が入稿され、2019 年内の出版が実現した。以上のように、台湾研究会は、2015 年以降の活動において、少しずつではあるが、〈多元・越境・創造〉に向かって歩みを進めているのである。

では、ここまでに述べてきた台湾研究会の歩みについて図式化したものを、以下の図 5.4 として示す。

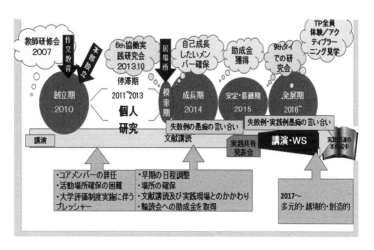

図 5.4　図式化した台湾研究会の歩み

　なお、台湾研究会のメンバーらは、台湾研究会以外の場でも、教師間の協働実践を行っている。そうした活動の一つの形として、異なるフィールドを持つ二人（もしくはそれ以上）の教師が協力し、それぞれのフィールドに属する学習者同士に協働させるといった実践がある。そして、こうした実践の成立には、有益性の高いプラットホームが台湾研究会の中で形成されていたことも背景にあろうと思われる。こうした点を踏まえ、続いては、台湾での教師間の協働実践がどのようなものであったか、その概要について紹介する。

3　プラットホームにより生まれた教師間の協働：台湾研究会の場合

　協働実践といえば、教師が自身の教室を範囲としたフィールドで、そこに属する学習者のみを対象として協働活動させるというのが、一般的な認識であろう。しかし、実際の現場では、教師間で協力し、それぞれ異なるフィー

ルドの学習者同士で協働させるといった、いわゆる教師間の協働実践も見受
けられる。そして、台湾においても、台湾研究会の発足当初より、メンバー
それぞれが各自に受け持つ教室の学習者への協働教育実践のみならず、教師
間の協働の試みもいくつか見られた。例えば、同じ学校に所属する教師間の
協働として、陳・荒井（2013）の学年混合クラス（複式学級）での会話授業
の実践や、羅・荒井（2017）の台湾観光案内を中心とした日本語ガイド育成
をテーマとした日本語クラスのティーム・ティーチングでの実践が挙げられ
る [14]。さらに、同一校の教師間ではなく、所属校が異なる教師同士が連携し
ての協働として 2016 年 6 月末に実践を終えた張と荒井の両者による作文交
換のピア・レスポンス活動がある。では、続いて、これらの各実践について、
その概要を述べる。

　まず、陳・荒井（2013）であるが、この実践では、学年混合での授業を行
う前に、2 年生には口頭発表の事前準備活動を、4 年生には多角的な視点か
ら感想や意見を述べ合うことに備えた事前的な活動を、それぞれのクラスで
行った。その後、学年混合の授業を実施し、そこでは 2 年生と 4 年生とを混
交してグループを作り、グループ内で「豊かさとは何か」をテーマとして意
見を述べ合った上で、そのテーマや出された意見を整理したものを口頭で発
表させた。そして、こうした活動に対する評価として、互いに見習うものが
あるといった肯定的な評価が見られた一方で、グループ内の一部のメンバー
に非協力的な態度が見られたことや、互いによく知らない者同士が関係性を
構築する前に協働作業をすることについてやりにくいといった意見も出され
た。また、こうした学年混合クラスで実践をするには、教師間の相互理解が
必要であるとの指摘もされている。

　次に、羅・荒井（2017）の実践では、台湾ガイドをテーマに観光やその案
内を主な内容とした、日本語のティーム・ティーチングの授業におけるもの
で、羅と荒井の両者が、授業計画をはじめ、実施、振り返り、改善など、授
業やそこでの実践のすべてを協働して行った。また、教室活動は、いわゆる
ジグソー学習の形態によるピア・ラーニングでデザインされた。そして、こ
の実践では、二人の教師が携わったことで、ピア・ラーニングの際に学習者

が遭遇する課題や問題点を両教師が直ちにシェアでき、改善案について迅速に話し合うことができたことが報告されている。さらに、ティーム・ティーチングを行うに際し、どのような方法を採用するのが望ましいかといった点について、教師として二人に気付きがあったとも述べられている。なお、ティーム・ティーチングによる当該授業は、学校のカリキュラムに定められた正規の授業ではなく、他所からの助成金に基づいた、いわゆる課外プログラムの一環として実施されたものであった。

　そして、張と荒井の両者による作文交換のピア・レスポンスは、台湾の北部と中部とのそれぞれに所在する、いわば教育現場を越えた実践である。そして、互いに知らない学習者同士が作文をレスポンスしやくすることを考え、授業の冒頭にあいさつと自己紹介を兼ねたビデオを作り、それを交換することからスタートするといった工夫をした。その後、両校それぞれが、内容を同じくした課題ビデオを視聴させ、その中から自分が連想できることをテーマとして意見文（小論文）を書かせ、それを交換するといった、非対面形式のピア・レスポンスが行われた。日本語のレベルの差や、非対面レスポンスのしにくさなどの課題が残ったが、いい刺激になったことや、いいコメントをもらったことなどの評価もあった。交換前の事前準備活動から交換後の教師添削まで 1 カ月以上の時間がかかったため、学生の出欠状況がそれぞれの満足度にもつながったようだ。また、協働した教師は対面のコミュニケーションが難しかったため、電話やメール上のやり取りに頼っていた（張 2017a；荒井 2017）。

　さらに、2018 年、本稿執筆者のひとりである張氏が、自身の所属校移籍をきっかけとし、台湾研究会のメンバーの一員である工藤氏と協働し、授業目標、授業活動、授業評価などといった一連の教室運営能力の養成を目的とした日本語教師養成課程の授業で、チィーム・ティチングを行っている実践が挙げられる（張 2017b；工藤 2019）。

　そして、ここで挙げたような教師間の協働実践の実現には、台湾研究会の存在が相応に貢献していることを重ねて申し上げたい。上述した各実践を行った各者のうち、陳、荒井、羅、工藤は台湾研究会の第 1 段階である発足

当初からのメンバーで、張も第2段階より参加したメンバーである。だが、例えば、陳と荒井とは長年にわたり同僚であったものの、台湾研究会の活動が始まる以前は、協働したクラス運営や活動といったものは行っていない。また、羅と荒井とは、職場を同じくしてから、両者のクラスを合同した共同運営式のティーム・ティーチングを実現させたが、これも、台湾研究会で共に活動し、同じ方向性を有していたことを互いに把握していたところによるものが少なくない。そして、張と荒井との実践が具体的に実行に移されたのも、台湾研究会の集まりの際に、作文のピア学習をすでに実践していた荒井に張が相談をしたことがきっかけとなり、第10回協働実践研究会への参加の後押しとなったものである。このような経緯から考えれば、台湾研究会の存在はメンバーにとって、教師間の協働実践においても重要なプラットホームになっていると考えられるのである。

　また、教師間の協働を観察した場合、同一学内での協働と学外間での協働といった区別だけでなく、各教室の学習者が対面する協働（陳・荒井の実践）と、各教室の学習者同士が対面することなく行われるピア・レスポンス（張・荒井の実践）と、二人の教師が合同した一つのクラスを受け持つティーム・ティーチングという協働（羅・荒井及び張・工藤の実践）といった、学習形態による区分もできる。ただ、台湾においては、異なるクラスを一つに、その教壇に教師が協働して立つことはまれで、実施するにも困難な面が少なからずある。しかし、教室間を相互に結ぶといったような形態の協働であれば、各教室の運営管理はそれぞれの教師が及ぶ範囲で担うことができるため、今後における教師間の協働の可能性を探るにおいては、そうした形態を中心に検討することで、さらなる発展につなげられる可能性も高まるであろう。

　また、先の2.3でも述べたように、台湾内部だけの活動やつながりだけでなく、日本のみならず、その他の国や地域の協働実践研究組織や、協働実践をキーワードの一つとして活動に取り組んでいる日本語教育関連の研究者や実践者の諸氏と、関係を積極的に構築しようとした台湾研究会の方向性や姿勢が、面的なプラットホームの形成につながったのではないかと考えられる。

こうした点について、次節でもう少し触れることとする。

4　面的なプラットホーム形成：台湾外の協働実践組織や日本語教育関連者との交流

　台湾研究会は、いわば、日本協働実践研究会や関係者諸氏のご尽力のおかげで創立されたものといっても過言ではない。その後の活動においても、日本で開催される研究会に台湾研究会のメンバーが招聘されたり、台湾での活動に日本の関係者諸氏を招いたりするなどの交流がある。また、台湾研究会のメンバーの多くが大学教師で、協働実践分野以外においても日本との接点は比較的多い。さらに、タイで開催された第9回協働実践研究会に台湾研究会のメンバーが参加するなど、日本以外でのイベントや活動にも意欲的である。そして、台湾研究会の内外での活動は、日本はもちろん、それ以外の国や地域との関係性の構築につながった点は大いにある。つまり、中心となる日本とその他の国や地域である台湾とが点と点でつながれるといった、いわゆる線的なプラットホームだけではなく、日本以外の地域と台湾とがつながることで、いわば「面的なプラットホーム」が形成されることの可能性を示すことができたと考える。そして、海外の日本語教育現場が抱える各種の問題点を考えるにおいて、海外であるが故にそうした問題が生じるのであれば、共通点、もしくは類似した背景を持つ日本以外の国や地域が相互に交流し、協力関係を構築することは、協働実践の在り方を考えたり課題に立ち向かったりするのに有益なことであろう。

　また、こうした考えは、国や地域といった地理的なことだけではない。例えば、協働実践そのものだけに注目するのではなく、その概念が含まれている、もしくは関連する分野とのつながりも大切なことであろう。台湾研究会では、こうした活動の一つとして、2.3 でも述べたような、"対話"をキーワードとして、日本語教育実践とのつながりを模索する中で、西口光一・平田オリザの両氏を招いてのワークショップを開催した。

　さらに、日本協働実践研究会のメンバーが、集中講義の講師として台湾の大学に呼ばれるケースがあり、その際、台湾研究会のメンバーがサポートを

するといった協力関係もみられる。例えば、2016 年 6 月に、日本協働実践研究会の岩田夏穂氏、そして、2018 年 8 月に日本協働実践研究会の池田玲子氏の両氏が台湾の大学でコミュニケーション日本語をテーマとした 6 日間の集中講義を行った。この際、その大学に勤務していた張と陳[15]は、ティーチング・アシスタントとして全日程の授業に付き添い、授業の進行を手伝った。これも、日本と台湾の関係者が協力するといった、教師間協働の一つの形が実現した事例といえよう。そして、数日間にわたる授業を場とした教師間の協働は、短期的なワークショップと比較した場合、相互の体験や得るものはより幅広いものとなることは想像に難くない。さらに、第三国タイで開催された協働実践研究会において、日台のメンバーが共同に研究調査を行い、その成果を発表することができた（金孝卿・トンプソン美恵子・羅曉勤・張瑜珊 2017）。

　以上、ここまでは、台湾研究会の発足から現在に至るプロセスや、いくつかの具体的な活動について整理した上で述べてきた。また、プラットホームの重要性について筆者なりに示したつもりである。ただ、ここで付け加えるとすれば、プラットホームを形成するにおいては、メンバーたちの積極的な参加が不可欠であることを挙げたい。メンバーの多くが大学教師であることは先に述べたが、実情として給料などの収入が、他の地域や業種に比べて高いわけではなかろう。しかし、こうしたメンバーたちではあるが、休日を返上して活動をしたり、日本や他国の研究会に足を運んで（しかも、時には私費で）学習したりといった意欲を持っているのである。そして、メンバーのこうした姿勢が、台湾研究会の活動の原動力となり、研究会のプラットホームの形成にもつながったわけである。このパワーの源を探るべく、次節において、メンバーを対象として研究会の存在意義について調査した事例について述べたい。

5　参加メンバーにとっての台湾研究会の意義

　羅・荒井（2017）は、台湾研究会の参加メンバーが、研究会の存在やそこに参加する意義をどのように考えているかを把握すべく、2017 年に、メン

バーを対象としたオープンアンケートを実施した。そのアンケートに記述された回答データをグルーピング化した結果を次の表 5.1 に示す。

表 5.1　メンバーが考える台湾研究会の意義

カテゴリー	記述内容
居場所 ・ 仲間	1. 一人ではできない学びや経験だ。 2. 孤独で無力な教師の仕事を理解し合える。 3. 職場を越えて、教育現場のことを共有し、考えられる。 4. 研究につながる刺激を与え合う。 5. 難解な理論も、メンバーの生活や経験の話を通して深い理解につながる。
振り返り ・ 自己成長	1. 自分の現場を振り返る。 2. 実践のヒントが得られる。 3. 自己成長の機会だ。 4. 新しいことを学び、挑戦しようと思える。 5. 教師としての原点を見つめ直す。 6. 考えることの重要さを再認識する機会。
輪のつながり	1. FB で、外部の人へも活動を紹介し公開。 2. メンバー間の討論から外へ広げたい。
ワークショップ ・ 講演の開催	1. 国内外から、専門家や講演者を招く。 2. 最新の研究や情報を得られ、体験できる。 3. 対話を通して意識を深める。 4. 教師としての実践の内省、教育理念や学習成果および課題を確認する。
理論と実践の 融合	1. 理論が深く理解できる。 2. 理論と実践の探求に刺激を受ける。 3. 教育現場に理論を照らし合わせて考える。 4. 理論を実践に応用させて鍛錬できる。 5. 台湾の日本語教育を深く理解できる。

| 活動の多様性 | 1. 協働における「対話・対等・創造・互恵性」で機能している集まりだ。
2. 講演、ワークショップなど多種多様な活動。
3. 本の出版を話し合う。
4. 学びは年々深く、より行動を伴うものへ。 |
| 新しい枠づくり | 1. 昔の教え方から脱出。
2. 機関や古い観念に縛られない。 |

　先の表 5.1 からは、まず、台湾研究会は、その参加メンバーにとって、一緒に頑張る「仲間」がいる「居場所」である、といった意見が見て取れよう。そして、TP をテーマとした体験や合宿を、「理論と実践を照らし合わせる」場として捉えたものや、自分の現場への「振り返り」や「自己成長」につながるものである、といった意見も見られる。つまり、台湾研究会は、参加メンバーにとって、自身にとっての学びの場であり、また、躍動的かつ継続的な活動の場となっていると考えられる。

6　台湾支部の今後の予定

　先述の通り、台湾研究会の集まりは、2018 年現在、協働型の TP を作成した体験に基づき、メンバーそれぞれが自身の協働実践をレポート化させ、その成果を台湾における協働実践関係の書籍として出版することを計画した。具体的には、2019 年 5 月を初稿の入稿、修正などを行い、6 月に出版する計画とした（2019 年 6 月 30 日出版『大学生の能動的な学びを育てる日本語教育 －台湾から生まれる台湾の授業実践－』台湾協働実践研究会編、瑞蘭國際有限公司）。また、実践活動としては、台湾内での教師間の協働教学や他国・地域の関係団体や日本語関連領域とのつながりをさらに強化するなど、より幅広い多様な協働の可能性を探っていきたいと考えている。

注

1. 温美玉氏オフィシャルウェブサイト「温美玉備課 Party」

   https://www.shareclass.org/community/6/%E6%BA%AB%E8%80%81%E5%B8%AB%E5%82%99%E8%AA
   %B2party/intro/

2. 王政忠氏（2016）は、MAPS 教授法は「Mind Mapping」「Asking Question」「Presentation」
   「Scaffolding Instruction」の四つを基本理念とし、これらの理念に基づいた教室活動を
   行うものである、としている。そして、こうした理念や教授法を広めるべく、ウェブサイ
   ト（http://dream.k12cc.tw/）を開設し、活動を行っている。

3. 学思達とは、従来型の詰め込み式教育の殻を破り、学習者自らに、「学」び、リーティング、
   「思」考、話し合い、分析、帰納、自己表示（＝中国語の表「達」）などといった学習プロ
   セスを体験させることにより、21 世紀を生きるリテラシーを身に付けて、将来を生きてい
   く力を養成するといった理念に基づいた教授法である（学思達オフィシャルウェブサイト
   （http://lte-taiwan.weebly.com/）より抜粋）。

4. 葉丙成氏（2015）は、BTS とは「For the student, By the student, Of the student」と
   いう概念に基づき提唱された教育実践のことで、主な理念は 21 世紀を生きる人材を大学で
   育成することである、としている。

5. 2017 年 1 月 1 日に「公益財團法人日本台灣交流協會」へ改称した。

6. 協働実践研究会の発起人である池田・舘岡両氏のアドバイスを受け、2014 年に改称した。

7. 本稿は、羅・張・荒井ら（2016）、張（2016）、羅・荒井（2017）の各論、発表をベースに、
   整理や加筆修正を行ったものである。

8. この節の内容は、羅・張・荒井・陳（2019）に基づき、修正・加筆したものである。

9. 独立行政法人日本学術振興会に類似した機関。

10. 羅曉勤（2009）「初中級作文クラスでの推敲活動の試み―ピア・レスポンス活動を中心に―」
    『台湾日本語文学報』26、pp. 309-328、台湾日本語文学会.

11. Airiti Library 華藝線上圖書館 http://www.airitilibrary.com/Home/Index。

12. 科技部人文社会中心より「学術研究群」学術補助金を、2014 年 7 月 1 日～15 年 6 月 30 日
    を期間として受けたもので、その際の研究活動グループの名称は「"協働學習(Peer
    Learning)"導入日語教學實踐研究社群」とした。

13. 前回同様、科技部人文社会中心からの「学術研究群」学術補助金であるが、今回の研究グ

ループの名称は「言語教育與對話理論學術研究社群」で、期間は 2016 年 7 月 1 日〜17 年 6 月 30 日であった。

14. 荒井は 2012 年 7 月まで陳と同じ大学に勤務していたが、その後、羅の勤務する大学へ転籍し同僚になった。2019 年 4 月から日本の大学へ転籍となった。

15. 岩田氏が来台した 2016 年 6 月当時、張と陳は同じ大学に勤務していた。その後、張は 2016 年 8 月に台湾研究会のメンバーである工藤と同じ大学に移籍し、工藤の同僚となった。

参考文献

【日本語】

荒井智子（2017.03）「学校間の非対面ピア・レスポンスの試み─銘伝大学側の実践」『銘伝大学 2017 年国際学術研討会「応用日語教育展望未来的創新策略」』大會論文集、pp. 69-76.

荒井智子・羅曉勤（2016.11.19）「学習者主体の授業を学生はどう捉えているか─「日本語ガイド」という授業での試み」第 11 回国際日本語教育・日本研究シンポジウム　香港：香港公開大学.

荒井智子・羅曉勤・張瑜珊(2015.02)「台湾協働実践研究会の現状及び課題継続可能性及び省察的教師成長の可視化」第 8 回協働実践研究会　日本東京：早稲田大学 26 号館.

池田玲子（2015）「協働実践研究のための海外プラットホーム構築─アジアの活動に向けて」『言語文化と日本語教育』50、pp. 38-50、お茶の水女子大学日本言語文化学研究会.

金孝卿・トンプソン美恵子・羅曉勤・張瑜珊（2017.12）「対話型教師研修おける「ティーチング・ポートフォリオ」の可能性」『2017 年度台湾日本語文学会国際研討会「社会的役割を果たす日本語文学研究の推進」論文予稿集』、pp. 75-82.

工藤節子(2019.06)「コースデザインと授業実践を通した言語教育の学び」『多元文化交流』11 号、pp. 46-78、東海大学日本語言文化學系.

舘岡洋子（2016）「「対話型教師研修」の可能性─「教師研修」から「学び合いコミュニティ」へ」『早稲田日本語教育学』21, pp. 77-86. http://hdl.handle.net/2065/00051753

張瑜珊(2016.09)「アジアの協働学習の実践研究を支えるプラットホームの構築─協働実践研究会台湾支部の変遷」2016 年日本語教育国際研究大会パネル発表　インドネシア：バリ

張瑜珊（2017a.03）「学校間の非対面ピア・レスポンスの試み─大葉大学側での実践」『銘伝大学 2017 年国際学術研討会「応用日語教育展望未来的創新策略」』大會論文集、pp. 77-84.

張瑜珊（2017b.12）「日本語教育実習生はどのように「教師」になっていくか─教育日誌から彼

らの視点と授業担当教師のふり返りから探る」『第 13 回協働実践研究会＆科研報告会　予稿集』、pp.27-28、日本東京：早稲田大学 26 号館.

陳文瑤・荒井智子（2013.12）「大学2年と4年の日本語合同授業の実践報告—縦のアーティキュレーションを考える」台湾日本語教育学会　J-GAP TAIWAN　2013 年 12 月分活動　Can-do 教育実践発表会.

羅曉勤・張瑜珊・荒井智子・陳文瑤（2019）「台湾における教育実践改革の現状」台湾協働実践研究会編『大学生の能動的な学びを育てる日本語教育—協働から生まれる台湾の授業実践』、pp.275-298、　瑞蘭国際有限公司.

羅曉勤・荒井智子（2017.12）「科研報告⑤台湾協働実践研究会報告—参加メンバーからみた対話型教師研究会の意義」、第 13 回協働実践研究会　日本東京：早稲田大学 26 号館

羅曉勤・張瑜珊・荒井智子・工藤節子・許均瑞・陳明涓・黄富国（2016.02）「協働実践研究会台湾支部における『教師の協働』」『第 10 回協働実践研究会　予稿集』、pp.32-35、日本東京：早稲田大学.

　http://kyodo-jissen-kenkyukai.com/wp/wp-content/uploads/2015/03/10th.pdf

羅曉勤（2009）「初中級作文クラスでの推敲活動の試み—ピア・レスポンス活動を中心に」『台湾日本語文学報』26、pp.309-328、台湾日本語文学会.

羅曉勤(2013.11)「台湾日本語教育における協働学習研究の現状及び課題」第 6 回協働実践研究会：日本語教育における協働学習実践研究シンポジウム　日本東京：東京海洋大学.

【中国語】

呂冠緯(2015.2)「跨越翻教學的鴻溝」『國家教育研究院教育脈動電子期刊』第 1 期　國家教育院研究院 https://pulse.naer.edu.tw/Home/Content/79edc5c0-f7df-41a9-885a-09a36d6a90a1?insId=814d6d84-c8cf-4065-b8b7-5370b7ec93a9

王政忠(2016.5.3)「王政忠:MAPS 教學法的四個核心元素」『親子天下官方網站』

https://www.parenting.com.tw/article/5070980-%E7%8E%8B%E6%94%BF%E5%BF%A0%EF%BC%9A MAPS+%E6%95%99%E5%AD%B8%E6%B3%95%E7%9A%84%E5%9B%9B%E5%80%8B%E6%A0%B8%E5%BF%83%E5% 85%83%E7%B4%A0/

葉丙成(2015.6)「如何確保翻轉教學的成功?BTS 翻轉教學法」『中等教育』第 66 卷第 2 期　30-43 http://rportal.lib.ntnu.edu.tw/bitstream/20.500.12235/78382/1/ntnulib_ja_L1001_66 02_030.pdf

第 6 章

韓国の日本語教育における教師研修
－韓国協働実践研究会での執筆・出版の取り組み－

金志宣

1　はじめに

　韓国協働実践研究会は、2010 年に日本協働実践研究会が設立されて間もなく、各国ネットワークのプラットフォームの一つとして立ち上げられた。本研究会は、発足以来 1、2 か月ごとに会合を開き、協働学習（ピア・ラーニング）の理論・実践について多角的に検討する場を設けている。

　本稿では、これまでの研究会の主な活動内容を報告し、そこでの問題意識をもとに進めてきた共著本『協働学習の授業デザインと実践の手引き－韓国の日本語教育の現場から』の執筆・出版の取り組みと、本書の特徴を述べる。さらに、本書の手引きとしての意義を踏まえ、その有効活用に向けた今後の方向性について展望する。

2　研究会での問いと活動内容

　本研究会では、2010 年 10 月から 2019 年 12 月まで 60 回余りの勉強会・教師研修を行ってきた。これまでの道のりは、研究会のあり方や進むべき方向、運営上の問題などをめぐる試行錯誤と創意工夫の連続であり、今なおその渦中にある。今、この時点で、その軌跡を省み、研究会を持続してきた原動力とは何か、そこで何を考え、学び、得られたかを問い直すことは、これから歩んでいく道の礎になるのではないかと思われる。つまり、その軌跡とは、研究会を貫く問いとその解を協働で追究してきたプロセスということができ

る。その問いは、次の三つにまとめられる。

(1)「協働」「協働学習」とは何か
(2)「協働学習」をいかに実践するか
(3)「協働学習の実践知」をどのように共有・活用できるか

　韓国協働実践研究会の初期は、協働の概念または基本要素をめぐる疑問の
出し合いに始まり、その糸口を文献講読に求めていた。これは単に理論上の
概念や原理の理解に限られることではなく、各メンバーが実際に行っている
グループ活動が協働学習といえるものなのかという実践に関わるものである。
そのため、参考文献・論文の輪読と並行し、メンバー自身が行った協働学習
の事例についても検討し合った。また、日本協働実践研究会のメンバーを講
師として招き、「協働学習の理論と実践」についての講演会やワークショッ
プをしてもらうなど、さまざまなリソースをもとに議論を重ねていた。本研
究会はそもそも、「学習者自ら考え、ともに学ぶ」ことを重視する協働の精
神に共鳴した人たち（現職日本語教員や日本語教育関係者）が集い、協働学
習をより促進・支援する学習デザインと実践を目指したものである。した
がって、共通の目的意識や問題意識も当然あったのだが、一方で、協働学習
に対する個々人の理解や解釈をはじめ、授業実践における協働学習のねらい
ややり方が異なっており、そこでのこだわりや悩みもさまざまであった。一
見まとまりのないように見えるこの過程で、それぞれの認識と経験を共有し、
互いの授業実践を改めて見つめることで、自分なりの協働観を捉え直すため
のヒントが得られたものと思われる。すなわち、「なんのために」協働学習
を取り入れるのか、「どうすれば」協働学習の基本要素を上手に組み入れて
より効果的・有意味な学習につなげるかといったことを、自分の授業に引き
つけて考え、授業（活動）デザインに反映していく素地が作られたというこ
とである。そして、その成果は論文や発表の形で数多く報告されている。
　このような協働学習の理論・実践をめぐる議論や取り組みが続く中、次第
に参加メンバーの伸び悩みや研究会活動の形骸化への懸念などの問題が見え

隠れし、研究会の持続可能なあり方や活性化を模索する必要性に迫られるようになった。研究会の立ち上げから 5 年余り経った頃のことである。

　当時、メンバー同士の話し合いにより、本研究会の一次総括として、これまでの活動の成果内容を形にして残すという方向に進んでいった。こうして出版の話が持ち上がり、2016 年 4 月、37 回目の研究会から本格的な話し合いが始まった。韓国の日本語教育において協働学習の授業実践や実践研究は徐々に増えてはいるものの、限られた数人の取り組みの蓄積に頼る面が大きく、さほど広く深く浸透しているとは言い難いのが現状である。その背景には、超競争社会といわれる韓国内の厳しい社会的状況のほか、大学などの教育現場で依然として主流をなしている教師主導型教育や相対評価制度ゆえに、仲間を協働の存在ならぬ競争の相手として見てきた認識が根強く残っていることが挙げられる。さらに、日本語教育の協働学習に関する韓国内の文献が皆無であることもその一因であろう。これらの事情を周知していた研究会のメンバーは、協働学習の理論と実践についてもっと知ってもらい、授業実践につないでもらえるような手引きが緊要ではないかということで意見を収斂した。本研究会を通じて体験的に培った知見を一冊の本としてまとめることで、協働学習の実践知を共有し、さらなる普及の一助となるという思いに至ったのである。こうした経緯で、共著『協働学習の授業デザインと実践の手引き－韓国の日本語教育の現場から』の執筆作業に取り掛かることになり、執筆・出版に向けた計画から作成、推敲に至る全過程が協働で推し進められた。

3　韓国の日本語教育現場からの発信－共著の執筆・出版

3.1　本書の目的と構成

　『協働学習の授業デザインと実践の手引き－韓国の日本語教育の現場から』の趣旨は、協働学習について関心はあってもあまり知らない方、知っていても実践に苦労している方、これまでの実践に改善を図ろうとしている方々を読者として想定し、協働学習についての理解を深め、有意義な協働学習の実践が行えるよう手助けすることである。さらに、現職の日本語教員や日本語

教員養成の教員、日本語教員を目指す大学院生などにとって、自身の教育と実践のあり方を考える機会となることもねらいの一つとしている。そのため、協働学習の授業づくりに必要な項目を取り上げて分かりやすく概説したうえで、韓国の日本語教育における実践事例を紹介し、実践研究をレビューしてまとめるという三部構成に仕上げた。

表6.1　本書の構成

はじめに	第二言語としての日本語教育の協働学習（ピア・ラーニング）
第I部 協働学習の 授業づくり	1. 協働学習の目的と基本要素 2. グループの作り方 3. アイスブレイク 4. 評価 5. 内省活動 6. 教師から見た協働学習【座談会】
第II部 協働学習の 実践事例	1. 音声吹き替えを利用した協働授業実践 2. マインド・マップを活用した授業 3. ポスター発表を取り入れた授業 4. ネット上の掲示板を利用した授業 5. 異文化間コミュニケーション授業の協働学習 　－プロジェクト学習でのグループ内の役割 6. 内省活動を組み込んだ授業 7. 初級日本語クラスでのグループ作り 8. 就職関連授業の事例 9. SNSを利用した日韓交流学習における教師の協働 10. オンライン学習システムを活用した協働学習
第III部 協働学習の 実践研究	韓国における日本語協働学習
おわりに	協働学習実践の動向と展望

108

　第Ⅰ部「協働学習の授業づくり」では、協働学習の授業や活動の際に考慮すべきことについて、各々の基本概念や技法、その例などがやや網羅的に述べられている。授業実践に先立ち、授業（活動）デザインで押えておくことをイメージしやすくするためである。各章を概説すると、効果的な学習になるように把握しておくべき「1. 協働学習の目的と基本要素」では、何のために授業に協働学習を取り入れるのか、どうしたら協働学習を促進できるのかをまとめている。各種グループの長短所を踏まえて行うべき「2. グループの作り方」では、グループを作る時、何を一番大切に考えたらいいか、メンバーの人数や日本語レベルなどは誰がどのように決めたらいいかについて述べている。また、初対面のメンバー同士が打ち解け合うための「3. アイスブレイク」では、アイスブレイクとは何かを概観し、日本語教育に取り入れやすいものを紹介している。協働学習の過程や結果をできるだけ客観的に評価するための基準作りを示した「4. 評価」では、学びのプロセスを重視する協働学習の評価方法として、ルーブリックを活用した評価を取り上げている。自己の学習体験を振り返ることで新たな学習を生む「5. 内省活動」では、内省とは何か、なぜ必要か、どのようにしたらいいかなど、内省活動のデザイン・実践上の留意点について述べている。さらに、「6. 教師から見た協働学習【座談会】」では、協働学習の困難や意義について、執筆者それぞれが実践を通して感じたことを話し合った内容がまとめられている。

　第Ⅱ部「協働学習の実践事例」は、本研究会のメンバーがこれまで実践してきた協働学習を紹介する事例集である。共通の枠組みとして、まず〔活動概要〕と〔使用教材・機器・教具〕を示し、〔(1) 活動の目標〕と〔(2) 活動の流れ〕に続いて〔(3) 活動のポイントと学習効果〕を詳述し、最後は〔(4) 学習者の感想・意見〕と教師による〔(5) 活動を振り返って〕で締めくくるようにした。実践事例の中には、わりと手軽に短時間でできる活動もあれば、1 学期を通して行うような込み入った活動もあり、またその内容も多岐にわたっている。事例の内容を簡単にまとめると、「1. 音声吹き替えを利用した協働授業実例」は、アニメの音声吹き替えという学習者が興味を持って取り組める素材を活用したもので、学習者が自分たちの声で吹き替えをし、映像を編

集する活動の事例である。「2. マインド・マップを活用した協働活動」は、マインド・マップを活用し旅の計画を立てるもので、メンバーが共通して行きたい所を選び、何がしたいか、なぜしたいかを動詞(たい)・形容詞で表現する活動である。「3. ポスター発表を取り入れた授業」は、グループで興味のあるテーマを選び、ブックトークの内容をもとにポスターとスクリプトを作成し、発表する協働活動を行う授業である。「4. ネット上の掲示板を利用した授業」は、日本の「今」に関する話題について、グループごとにネットで検索したり、内容と意見をネット上の掲示板を利用して共有する活動を行う授業である。「5. 異文化間コミュニケーション授業の協働学習－プロジェクト学習でのグループ内の役割」では、プロジェクト型の協働学習でグループ内の役割を決め、効果的に協働学習を行うための仕組み作りを紹介している。「6. 内省活動を組み込んだ授業」は、個別内省、内省シェアリング、メタ内省という一連の内省活動を組み込んだ授業である。「7. 初級日本語クラスでのグループ作り」では、教養科目の初級クラスにおいて、専攻が異なる学生たちをどのようにグループ分けしたらいいか、グループ作りの事例を紹介している。「8. 就職関連授業の事例」は、就職活動における面接や書類作成の土台となる「自己分析」をペアかグループで協力して行うことで、より客観的な分析が行えるようにする活動である。「9. SNS を利用した日韓交流学習における教師の協働」では、韓国の大学の日本語教室と日本の大学の韓国語教室をつないだ交流学習において、教師の協働と学習デザインに焦点を当てて紹介している。「10. オンライン学習システムを活用した協働学習」は、オンライン学習システムを活用して発表の手順や方法を事前に学習し、それをもとにグループで会議を行い、興味のあるテーマについて発表する協働活動である。

　教育現場では当然のことながら、授業によって学習環境や学習目標、学習者の特性などが異なり、ひとつとして同じ授業はない。そのため、本書ではさまざまな形と内容の実践例を紹介することになったわけが、読者にとってはこれらの事例を参考に、自分の授業に適した協働学習の授業デザインを工夫したり改善したりするのに役立つものと思われる。要するに、本書はその

名のとおり、協働学習の授業デザイン・実践に力添えをしたり働きかけたりすることを目的とし、教育現場での実践的な手引書として活用できることを意図して企画されたものなのである。

　さらに、第Ⅲ部「協働学習の実践研究」では、韓国の中等・高等教育機関における日本語協働学習の実践研究をレビューし、領域別にまとめて概観している。これまでどのような実践が行われ、どんな発見があったか、そこで導き出された提案や課題は何かなど、その特徴を述べている。そうすることで授業実践研究の動向がつかめると同時に、授業実践で得られた知見を実践研究として発表し、共有していける下地を提供しようとしたのである。なお、これら第Ⅰ、Ⅱ、Ⅲ部の各章は、単に章立てを決めて分担して書いたものを寄せ集めたものではなく、各自が受け持った章の原稿を研究会を通してみんなで検討し、数回ピア・フィードバックを受けて書き直すといった協働作業により仕上げられたものである。

3.2　本書の有効活用に向けて

　ここでは、本書の有効活用に向けた発信の段階と、それを推進する研究会の方向性について、PDCA サイクル「Plan（計画）−Do（実行）−Check（検証）−Act（改善）」に当てはめて考えたい。まず、発信の段階では、【Plan 発信計画の練り上げ ⇨ Do 贈呈、学会発表・ワークショップ ⇨ Check 知見の共有、フィードバック・内省 ⇨ Act 発信先の拡張、発信方法の見直し】のような発信サイクルが考えられる。そのうち、Do の取り組みの一つとして、学術大会の企画発表セッションで「韓国の日本語教育における協働学習」に関する五つの口頭発表を行っている。また、当日、会場の一角に日本・韓国協働実践研究会のブースを設け、研究会のことを知ってもらえるような資料や書籍など成果物の展示を行うことで、協働学習への関心と参加への動機を引き立てるよう図った。

　さらに、本研究会の活動全体を眺めてみると、上記の発信サイクルが埋め込まれたより大きなサイクルがあるように見受けられる。つまり、図 6.1 に示した【 Plan 　韓国協働実践研究会のメンバー集め、研究会のあり方の構

111

想・活動計画 → Do 研究会の活動：文献講読、ワークショップ・教師研修、実践事例の発表・相互検討、出版の計画・執筆 → Check 研究会での相互検討、授業デザインと実践の見直し・改善 → Act 実践研究の発表・投稿、協働実践研究会の拡大と内実化のための課題】のようなサイクルの中に埋め込まれた発信サイクルということである。このサイクルは研究会の活動全般にかかわるもので、重層的に連なった形で循環される。これらのプロセスは当然、本書の執筆者によって進められるが、その実現に向けた協働作業は今後の課題として残されている。

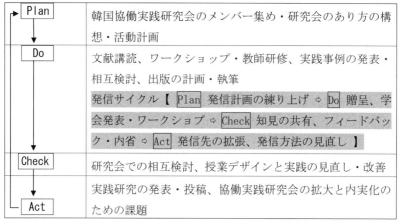

図6.1　PDCA サイクル

　上記の PDCA サイクルの重層的構造を分かりやすく示すと、図 6.2 のようになる。このように、本書を軸として協働学習の実践知の共有を図りながら仲間の輪を広げ、相互交流を通して得られた批判的な視点からの議論を深めていくことで、そこでの気づきや学びを授業デザインと実践の改善に生かせるのであれば、本 PDCA サイクルをスパイラルアップしていける可能性も高くなることが期待される。こうした教師間協働のプロセスは、内省的実践家としての教師の資質や力量を育むうえでも欠かせないものではないかと思われる。

112

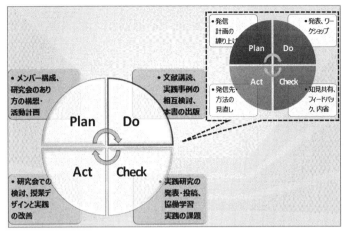

図6.2　研究会の活動全般の PDCA サイクル（左図）および発信サイクル
（右図）

4　おわりに

　以上、韓国協働実践研究会の活動内容をまとめ、本研究会のメンバー間協
働による共著本『協働学習の授業デザインと実践の手引き－韓国の日本語教
育の現場から』の特徴と、発信の取り組みを紹介した。今後、PDCA サイク
ルの構築と実現に際し、メンバーのさらなる成長と研究会の活性化とともに、
海外ネットワークと連携した新たな転換を図っていく必要があろう。振り
返ってみると、浮き沈みはあったものの、本研究会の活動がここまで続けて
こられたのも、また 3 年以上の協働作業がこうして著作の形で実を結んだの
も、労力をいとわないコアメンバーとその支えとなったメンバーたちの底力
が功を奏したことといえる。そうであるからこそ、このつながりをいかに強
固にして持続的成長へと結びつけるかが最も肝要であり、それは即、研究会
での教師間協働の維持・発展にもかかわることであるため、今後の重要な課
題の一つとして位置づけられる。

参考文献

池田玲子・舘岡洋子(2007)『ピア・ラーニング入門―創造的な学びのデザインのために』ひつじ書房

韓国協働実践研究会(2020)『協働学習の授業デザインと実践の手引き―韓国の日本語教育の現場から』學古房

金志宣(2013)「韓国からの報告」『第 6 回協働実践研究会　日本語教育における協働学習実践研究シンポジウム』パネルセッション

倉持香(2013)「韓国における日本語教育機関での協働学習」『第 6 回協働実践研究会　日本語教育における協働学習実践研究シンポジウム』ポスター発表

関陽子(2017)「韓国の日本語教育における協働学習研究の動向」『韓国日語教育学会第 31 回国際学術大会予稿集』 pp.24-28

【韓国協働実践研究会の主な成果】

１．「協働学習の理論と実践」についての講演会やワークショップ

2011 年 6 月 25,26 日　韓国協働実践研究会主催　講演会・ワークショップ「協働学習の理論と実践」(池田玲子・金孝卿)

2013 年 12 月 7 日　韓国日語教育学会第 24 回国際学術大会　招待講演「日本語教育のピア・ラーニング―創造的学びの理論と授業デザインの実際」(池田玲子)

2013 年 12 月 8 日　韓国日語教育学会主催　ワークショップ「ピア・ラーニングの授業デザインの実際―移行期から発展へ」(池田玲子・トンプソン美恵子・房賢嬉)

2015 年 12 月 5 日　韓国日語教育学会第 28 回国際学術大会　招待講演「日本語授業における協働の学びの場のデザイン―なぜ協働するのか」(舘岡洋子)

２．韓国協働実践研究会の会員による論文や発表

岩井朝乃・中川正臣(2017)「SNS を利用した日韓交流学習における教師の協働―日本語教育と韓国語教育の連携」『韓国日語教育学会第 31 回国際学術大会予稿集』pp.145-150

金志宣(2012)「自律性の支援に向けたピア・ラーニングの実践と意義―内省ピア活動の分析」『日本文化研究』43、pp.93-112.

_____(2015)「ピア・ラーニングにおける内省シェアリングの試み―内省活性化に向けて」『日本語文学』71、pp.117-142.

_____(2018)「日本語授業における協働的内省活動の実践報告－能力・資質の育成に向けた内省活動の可能性」『日本研究』77、pp. 213-244.

金志宣・趙宜映(2017)「Moodle を活用した初級日本語授業の実践報告－協働活動を取り入れる試みの提案」『韓国日本研究団体第 6 回国際学術大会予稿集』pp. 213-215

倉持香(2012)「中級日本語会話でのピア・フィードバックの試み－三段階のフィードバックを通して」『日本言語文化』21、pp. 168-190.

_____(2014)「教養初級日本語クラスにおける内省活動分析－学習レベルとの違いに焦点をあてて」『日本言語文化』29、pp. 198-222.

_____(2018)「教養初級日本語クラスにおけるピア・ラーニングの一考察－学習者の学習意識の変化に焦点をあてて」『日本語教育研究』43、pp. 5-23.

倉持香・奈呉真理(2011)「韓国における日本語協働学習の課題－研究の実態と学習者意識調査を中心に」『日本語学研究』32、pp. 33-50.

倉持香・奈呉真理・関陽子(2015)「大学教師の日本語学習に対する意識－韓国の教養日本語科目におけるグループワークに焦点をおいて」『韓国日語教育学会第 28 回国際学術大会予稿集』pp. 37-42.

斎藤明美(2012)「日本語会話の授業における演劇活動」『日本語学研究』35、pp. 189-208.

_____(2014)「日本語教育におけるグループ学習の導入について－学生の作文とアンケート調査の結果を中心に」『日本語学研究』41、pp. 83-100.

角ゆりか・大田祥江(2017)「就職関連授業における協働学習の取り組み－実践報告」『韓国日語教育学会第 31 回国際学術大会予稿集』pp. 151-156.

趙宜映(2018a)「自己調整学習理論に基づく内省ワークシートの活用－話し合いの活性化のために」『韓国日本語学会第 38 回国際学術大会予稿集』pp. 241-244.

_____(2018b)「日本理解科目における学習者中心授業の実践事例報告－教師の負担軽減を考える」『日本文化学報』79、pp. 411-431.

奈呉真理(2010)「協働学習における問題点の克服－初級日本語授業における効果的な導入案」『日本文化研究』36、pp. 135-155.

_____(2011)「文字の読み書きを習得する協働学習」『日本語学研究』30、pp. 139-155.

第7章

タイでの日本語教師研修
－日本語教室のピア・ラーニング環境をデザインする－

スニーラット・ニャンジャローンスック

1　はじめに

　タイにおける日本語の教育現場では、一般的に教師主導型の授業を行っており、「過程」より「結果」が重視される傾向にある。タイは他の多くのアジアの国と同様に、教育省主導で各学校の教育方針が決まるのだが、その方針は安定しておらず、教育大臣が変わる度に全体が新しくなるといった流動的なものである。これまで大きな教育改革が幾度も行われてきたが、その多くは成功したとは言い難い。

　1999 年から現在に続く教育改革では「学習者主体の教育」へのパラダイムシフトが起こり、教師には積極的に学習者主体の活動を授業に取り入れることが求められるようになった。この教育方針を通して、現在の教育を言及する上で欠かせない「学習者主体の教育」としての「アクティブ・ラーニング」という言葉が提示され、タイ人教師なら誰もがこれを知ることとなった。しかし、実際に行われている授業がアクティブ・ラーニングに対応しているかについては疑問を持つ教師が多いであろう。筆者はこの原因について次のように考えている。まず、タイ人教師たちは各々が慣れてきた自己流のやり方を好むため、別の方法をすすめられてもすぐには受け入れられず、煩わしいと感じてしまうという理由である。教師たちがそのような一種の「心の壁」を持ったまま新しい教育概念に向き合うために、そこに齟齬ができてしまう。また、教師の知識不足や学校の組織化に基づく業務の在り方も影響している

と考えられる。教師は日々の授業だけでなく、多岐に渡る学校業務に追われているため、新しい教育概念について学んだり、新たに取り組んだりするには時間的余裕がない。日々が多忙すぎるのである。その上、多くの場合、現場の教師たちは、教育省に指示されるものの、その詳しい内容や具体的な方法についてまでの説明はされず、ただ変更を「丸投げ」される状態なのである。このように、現状では教師の多くが新しい方針に基づく教育概念についての詳細が分からないまま、依然として自己流の教育実践を進めているのである。つまり、現場では、従来の教師主導の認識が根強い中では、常に方針の継続性がなく、周りから何のサポートも得られない環境では、新たな教育概念はほぼ形骸化していくのみで、上手く機能していないのが実状である。

　そこで本稿では、タイにおける日本語授業を「学習者主体の学び」として実現可能な方法で改善することを目的に、教師自身の教育実践に関するビリーフや教育観を変えることを目指し実施してきた「協働学習」をテーマとした教師研修の企画内容とその成果について報告する。

2　地方研修で筆者が行ったピア・リーディングの日本語教師研修

　タイではじめて協働学習に関するセミナーが開催されたのは 2006 年であった。国際交流基金バンコク日本文化センターの年次セミナーにて「教室における協働を考える―ピア・リーディングの実践と意義」のテーマで早稲田大学の舘岡洋子氏に講演をしていただいた。この講演会を出発点として、タイの日本語教育に関わっている多くの日本人教師及びタイ人教師がピア・ラーニングに興味を持つようになった。そして、2011 年には国際交流基金バンコク日本文化センターが主催する「さくら地方研修会」では、「ピア・リーディング」のワークショップが行われた。

　「さくら地方研修会」、「さくら中核ネットワーク地方研修会」は、タイ国JF さくらネットワーク中核メンバーである国際交流基金バンコク日本文化センター、チュラーロンコーン大学、コンケン大学、タマサート大学、タイ国日本語日本文化教師協会（JTAT）の 5 機関の共催事業であり、2010 年 1 月

から開始された。タイの北部、東北部、南部を全部で六つの地域に分け、上記の 5 機関が日本語および日本語教育の専門家を講師として派遣し、各地域で 2 日間連続の講義とワークショップからなる研修を開催した。対象は主にタイ人教師で、「文法の教え方」、「話す力を伸ばす」、「聴解」、「漢字」など教授技術の向上を目指したものであった。

　筆者は 2011 年の研修会に、タマサート大学、タイ国日本語日本文化教師協会の代表として国際交流基金バンコク日本文化センターのプラパー先生と共に企画の段階からかかわり、講師としてもファシリテータとしても参加した。

　2011 年の研修は、ひらがなの指導法および国際交流基金バンコク日本文化センターによって作成された教材の紹介、ピア・リーディング、聴解の指導法などであった。筆者はピア・リーディングの部を担当した。ピア・リーディングについての研修は、5 月のチェンマイ会場、6 月のウボンラーチャターニー会場、7 月のピサヌローク会場、そして 8 月のコンケン会場というように連続開催することができた。これらのワークショップでの使用言語はタイ語であったため、主な参加者はタイ人教師であったが、開催地域及び周辺にある高校や大学で日本語を教えている日本人教師の参加もあり、関心の高さが窺えた。

　ここで研修の報告をする前に、タイの日本語教育現場の実態について紹介しておこう。タイの大学の日本語教育においては、次のような授業のやり方が一般的だといわれる。まず、「総合日本語」という授業があり、タイ人教師・日本人教師によるチーム・ティーチング形式で行われる。その他の授業はタイ人教師か日本人教師のどちらかが担当して行われる。例えば、読解や通訳、翻訳などの科目はタイ人教師のみ、ライティングや会話、聴解などの科目は日本人教師のみが担当する場合が多い。授業のやり方については、ほぼ一斉授業方式を採用しており、学習者主体の教育とは言い難い。例えば、読解の授業では、読みの過程よりも結果を重視する。学習者に何が読み取れたのか、正しく内容を理解したのかを問うのである。筆者も、かつて一斉授業方式で読解授業を実施していた際、学習者それぞれの読みのプロセスを知

119

らないまま、生徒が筆者の解説をメモすることに終始する姿に疑問をもっていた。ここに改善の余地があると感じていた。また、日本語能力が高くない学生や、予習をせず受身の授業姿勢の学生は、特に授業への参加度が低く、自分で考えることをしない。彼らには、不明点については教師やクラスメイトに答えを聞けばいいという態度が見られた。筆者はこうした問題に対し、学習者同士の学び合いを取り入れることで解決したいと考えていた。教師を対象とした研修ワークショップに参加する他の多くの教師たちも、筆者と同様にそれぞれの授業で試行錯誤を繰り返していた。

　そこで筆者は2011年に4回にわたってかかわったさくら地方研修会では、そうした教師たちが互いの問題意識を共有し、教師自身もピア・リーディングを体験するワークショップを企画した。研修会では、参加者である教師が自分の授業実践を振り返り、それぞれの授業にピア・リーディングをうまく応用できる方法を考えるということを目標とした。このワークショップの概要と流れについて、表7.1と表7.2に示す。

表7.1　ワークショップの概要

	1回目	2回目	3回目	4回目
実施日	5月	6月	7月	8月
会場*	北部	東北部	北部	東北部
参加者数 （タイ人） （日本人）	82 (71) (11)	34 (26) (8)	21 (19) (2)	45 (39) (6)
方針	①ピア・ラーニングとは何か。すでにある教材を利用して自分のクラスでもできることを提示する。 ②参加者は「学習者」としてピア・リーディング活動を体験し、効果的にデザインされた活動の意義を実感する。 ③体験した後、振り返りを取り入れ、それを通して気づきを促し、お互いの意見や情報を交換する。			

＊南部でも実施される予定だったが、大洪水のため中止となった。

表 7.2　ワークショップの流れ

①	ピア・ラーニングとは　日本語教育におけるピア・ラーニング
②	ピア・リーディングの実践展開例の紹介
③	ピア・リーディング活動の体験
④	体験した後の自己評価
⑤	まとめ・振り返り・意見交換

　ピア・リーディングのワークショップは 3 時間のプログラムだった。筆者が実施した内容は、具体的には以下の通りである。

① ピア・ラーニングとは：日本語教育におけるピア・ラーニング
　ピア・ラーニングに関する概要、協働の五つの概念要素（対等・対話・創造・プロセス・互恵性）についての説明、そして、日本語教育におけるピア・ラーニングに関する実践研究の紹介を行った。
② ピア・リーディングの実践展開例の紹介
　ピア・リーディングの実践の詳細についての説明を行った。ジグソー・リーディング、プロセス・リーディングはどのようなものか、どのような目的で用いられているのかを説明した。
③ ピア・リーディング活動の体験
　ジグソー・リーディングとプロセス・リーディングの両方を一つの活動の中にデザインしたワークショップを体験してもらった。まずは、参加者に 5 人ずつのグループを自由に作ってもらった。日本人参加者は少数だったので、タイ人のグループに入ってもらった。そして、活動の流れおよびやり方を説明した。参加者の理解を確認してから、各グループの中で与えられた A、B、C、D、E のテキストをそれぞれよく読んだ後、同じテキストを読む人が集まり、互いに内容や疑問に思った箇所について話し合った（この部分は同一テキストをいっしょに読みプロセスを共有するので、プロセス・リーディングの活動である）。次に、元のグループに戻り、各自が自分の担当テキストについて他のメンバーに説明した

（ここは異なったテキストを読んでジグソーパズルのように持ち寄るので、ジグソー・リーディングの活動である）。最後に、読んだテキストに関連した質問にグループで答えた。ここで全員が学習者としてピア・リーディング活動（プロセス・リーディングとジグソー・リーディング）を体験した。

④ 体験した後の自己評価

体験した後、参加者が自身の活動を自己評価した。参加度は 5 段階評価で数字を選び、その理由も記入してもらった。他に、この活動についての利点・欠点および自分の職場で応用できる可能性についても書いてもらった。自己評価用紙はワークショップの資料とともに参加者全員に配布された。参加者に承諾を得るため、ワークショップの最初の部分で筆者はその目的を口頭で説明した。回答は参加者の任意とした。

⑤ まとめ・振り返り・意見交換

参加した感想や自分の授業に応用できる可能性についての意見などを話し合った。本ワークショップの参加者の自己評価や意見は以下の通りである。参加者に承諾を得て回収できた回答は計122部で、1回目 60、2回目 32、3回目 17、4回目 13 であった。自己評価した結果、この活動への参加度は 5 点満点で、平均は 4.62（1 回目 4.77、2 回目 4.59、3 回目 4.35、4 回目 4.77）であった。参加度がとても高く、期待よりはるかに高い平均値が得られた。

このように、ワークショップに参加したことでピア・ラーニングへの認識にも変化が見られた参加者が多数いた。当初は、単なるグループ活動と同様だと誤解している参加者もいたが、従来のグループ活動の欠点を共有し、ピア・ラーニングは全く異なるものであることを確認しあった。

一般に、グループ活動では、能力の高いメンバーに頼ってしまう傾向が少なからず見られる。実際、今回のワークショップでも、教師間で日本語能力の高いメンバーに任せてしまうグループが見られた。特に日本人教師が入っているグループでは、課題を自分で読まず、日本人教師に意味や内容を教え

てもらうタイ人教師が見られた。そこで、ワークショップの振り返りセッションの時には、筆者が問題のあるグループの事例を取り上げ、協働的な学習とはなっていないことについて考えてもらった。

　まず、筆者からは、このグループには協働の五つの概念要素（対等・対話・創造・プロセス・互恵性）が全て欠けていることを指摘した。このように能力が高いメンバーに頼ってしまうグループの状況は実際のクラスの授業でも大いに起こりうるため、ここで急遽、この問題への対処法について筆者が問題提起し、参加者たちに考えてもらった。その結果、日本語能力が高い学生のみのグループや仲の良い学生同士でグループを作るなど、グループ分けの時の工夫・注意点の議論へと発展した。

　ワークショップの振り返りセッションでは、上記の話し合いに続いて、使用テキストの選択の重要性についても話し合われた。本ワークショップで使用されたテキストは「レベル別日本語多読ライブラリー」より選んだ N3 レベルの「幽霊滝」という作品であった。参加者のタイ人教師の日本語能力は平均して N3 レベルであったことと、ミステリーに関する読み物はタイで人気があることから本作品を選択した。高校の授業で実施する場合、生徒の能力や興味に合うテキストを選ぶことが成功の鍵になると考え、筆者が高校で使用されている日本語教科書の中の読み物の中から、ピア活動で使えるものを参加者に紹介した。

　ワークショップ後は、参加者からピア・ラーニングの概念及びピア・リーディングのやり方についてよく分かったという声が多く聞かれた。一方、ピア・リーディングは面白く、学習にも有効な活動ではあると思うが、実際、授業に取り入れるのにはいくつかの問題があるという意見もあった。例えば、取り入れることで授業時間が足りなくなってしまうことへの不安や、積極的に参加したがらない学生にどのように対応すればいいかという懸念である。これらを踏まえた上で、タイの日本語の授業でのピア・ラーニング導入を想定して授業をデザインしてみることで、参加者の不安の解決策を探った。

　筆者は上述したように 4 回連続のワークショップを担当したが、ワークショップ 2 回目から「まとめ・振り返り・意見交換」のところでは、参加者

全体で考える時間を設けた。全体で議論した結果、日本語能力の高くない学生や積極的に参加したがらない学生への対応については、次のような案が出た。まず、その学生にグループの一員であることの重要性を実感させ、平易かつ遂行可能な作業をタスクとして与えることである。加えて、教師がその学生に対して常に「できる」という実感を持たせるために励まし続けることも重要であるという意見が出た。

　以上が、筆者が行った4回連続のピア・リーディングのワークショップの報告である。ワークショップは終了したが、参加者には研究や報告義務がないことから、その後の実践については公開されていない。しかし、筆者が学校訪問をしたときや他のセミナーに参加したときに、他の教師に会った際には、現場でピア・リーディングを行っているという話をよく耳にするようになった。こうした様子から、2011年国際交流基金バンコク日本文化センター主催さくら地方研修会のピア・リーディングに関するワークショップを通じて、タイの各地方にいる日本語教師がピア・リーディングをよく理解し、実践に繋げることができたと言えるだろう。

3　バンコクや地方研修で行われた「協働の学びの場をデザインする 」

　2013年の教師研修では、国際交流基金バンコク日本文化センター主催のもと、早稲田大学の舘岡洋子氏を招き、「協働の学びの場をデザインする」というテーマでの教師研修が3回行われた。2013年11月9日-10日にタイの南部にあるトランで、11月16日にバンコクで、2014年2月15日-16日に北部にあるチェンマイでも実施された。研修の概要は表7.3の通りである。

表7.3　研修の概要

＜目的＞	①教室とはどのような場なのか考える
	②協働で学ぶ意義を理解する
	③自分の教室で実践できるピア・ラーニングを考える

＜流れ＞	9：00〜12：00（途中 15 分休憩）
	①活動 1 ：あなたのめざす教室は？
	②講義 1 ：ピア・ラーニングの背景
	③活動 2 ：学習者体験
	④講義 2 ：協働による学びをどう深めるか
	⑤活動 3 ：授業デザインの実際
	⑥活動 4 ：振り返り

　この研修には日本人およびタイ人、中等教育および大学の教師等多様な背景を持ち、ピア・ラーニングへの意識や経験も様々な参加者が集まった。研修時間は 3 時間と限られていたため、授業デザインについては十分な時間を取ることができなかった点が次への課題として残った。しかし、過去の大洪水のため実施できなかった 2011 年の南部での教師研修会の実施が叶い、これによりタイ全土でピア・ラーニングに関する研修を行うことができたことは、大きな前進である。

4　おわりに

　タイの協働実践研究会では、2006 年から現在まで複数回に渡り、ピア・ラーニングに関する試みを行ってきた。結果、筆者自身もピア・ラーニングの概念に基づく学習活動を少しずつ授業に取り入れ、現在では日本語ピア・ラーニングのデザインによる授業改善の研究も行っている。自分が担当する全授業の一部ではあるが、学習者にとってより効果的な学習、自律的学習能力を養うことを目標に、読解の授業でのピア・リーディング、作文の授業でピア・レスポンスも実施している。筆者のように現場の教師がピア・ラーニングのデザインに積極的に取り組み、試行錯誤を重ねている姿が後輩教師たちに何らかの刺激となり、教師自身が授業改善に向けた自己研鑽の意識を高め、他の教師と協働的に取り組むことで、タイの日本語教育現場が更なる発展を遂げることを願いたい。最後に、協働実践研究会タイ拠点における主なピア・ラーニングに関する成果を紹介する。

【タイの協働実践研究拠点の主な成果】

Ⅰ論文

1. 大竹啓司(2007)「中級クラスにおける協働学習のアクションリサーチ」『国際交流基金バンコク日本語センター紀要』第 4 号、pp. 171-180.

2. 加藤伸彦(2008)「初級におけるロールプレイ中心の会話授業─創造的・協働的な活動を促す教室を目指した実践活動」『国際交流基金バンコク日本語センター紀要』第 5 号、pp. 165-174.

3. 前野文康、伊牟田翼(2009)「ピア・レスポンスにおける有効なグループ編成─タイ人中級学習者の場合」『国際交流基金バンコク日本語センター紀要』第 5 号、pp. 175-180.

4. Suneerat Neancharoensuk(2010)"Peer Learning and Japanese Language Education" Japanese Studies Journal, Vol. 27(1), pp. 81-96.

5. Soontaree Cunthrampunt(2018) "Effectiveness of Japanese Learning Strategy "PEER READING" Skills for Thai Learners" Research Report, Srinakharinwirot University.

6. Suneerat Neancharoensuk(2018)"Effectiveness of Peer reading in the Japanese Language Reading Class" Japanese Studies Journal, Vol. 35(2), pp. 65-77.

Ⅱ研究会・セミナー

1. 舘岡洋子(2006 年 3 月 17 日)「教室における協働を考える─ピア・リーディングの実践から」国際交流基金バンコク日本文化センター主催「日本語教育セミナー協働学習─助け合って学ぶということ」

2. 舘岡洋子(2009 年 3 月 21 日)「協働の学びをデザインする」タイ国日本語教育研究会年次セミナー　会場：シーナカリンウィロート大学付属高校

3. 舘岡洋子(2013 年 11 月 9 日（土）、10 日（日）「協働の学びの場をデザインする─ピア・ラーニングの実践」(国際交流基金バンコク日本文化センター主催さくら地方研修会
   会場：Thumrin Thana Hotel （Trang）

4. 舘岡洋子(2013 年 11 月 16 日)「協働の学びの場をデザインする」国際交流基金バンコク日本文化センター2013 年度第 1 回日本語教育セミナー　会場：国際交流基金バンコク日本文化センター

5. 舘岡洋子(2014 年 2 月 15 日、16 日)「協働の学びの場をデザインする」国際交流基金バンコ

126

ク日本文化センター主催さくら地方研修会（チェンマイ）会場：Lotus Hotel Pang Suan Kaew

6. 舘岡洋子（2014 年 2 月 18 日）「教授法から学習環境のデザインへ—テキストを協働で読む—」チュラーロンコーン大学日本語教育セミナー　会場：チュラーロンコーン大学（バンコク）

7. 舘岡洋子（2015 年 9 月 5 日）「協働の学びの場のデザインと教師の役割」2015 年チュラーロンコーン大学公開講演会（第 9 回協働実践研究会共催）　会場：バンコク　チュラーロンコーン大学

8. 舘岡洋子（2016 年 3 月 12 日）「SEND プログラムにおける協働—対等・対話・創造」（コメンテーター）早稲田大学実践報告セッション　会場：バンコク　チュラーロンコーン大学

Ⅲ口頭発表

1. スニーラット・ニャンジャローンスック（2015）「なぜ協働するのか—ピア・リーディング活動は受動的な学習者を自律的な学習者へと変えることができるか」第 9 回協働実践研究会

2. 松井夏津紀、池谷清美（2015）「なぜ協働するのか—タイの大学生の協働に関する意識」第 9 回協働実践研究会

3. 山口ひとみ（2017）「教室の学びを考えよう—学習者の主体的な学びをサポートする」タイ国日本語教育研究会第 29 回年次セミナー

4. ナナコーン由喜恵（2017）「教室の学びを考えよう—伝えたいことが伝わる作文を目指して」タイ国日本語教育研究会第 29 回年次セミナー

5. 松井育美（2017）「教室の学びを考えよう—多様性を生かすクラス」タイ国日本語教育研究会第 29 回年次セミナー

6. 木村圭佑（2017）「教室の学びを考えよう—学習者によりそった目標設定」タイ国日本語教育研究会第 29 回年次セミナー

7. 門脇薫、中山英治、髙橋雅子（2017）「タイの高校における教師間協働—タイ人日本語非母語話者教師と日本語母語話者教師の語りより」タイ国日本語教育研究会第 29 回年次セミナー

Ⅳポスター発表

1. スニーラット・ニャンジャローンスック、ナナコーン由喜恵（2015）「基礎日本語ライティング授業におけるピア・レスポンス活動の試み」第 9 回協働実践研究会

2. 中尾有岐（2015）「プロジェクト型学習における協働から高校生は何を学ぶのか―「タイ国際日本語キャンプ 2015」の実践を通して」第 9 回協働実践研究会

3. 古賀万紀子（2015）「日本語学習者のエントリーシート作成における発達的ワークリサーチの試み」第 9 回協働実践研究会

4. 水崎泰蔵（2015）「簿記日本語の実践におけるピア・ラーニングの効果」第 9 回協働実践研究会

5. 中山英治（2015）「現実としての「協同・共同」から概念としての「協働」へ―タイにおける質的な研究調査から見えてきた教師間協働の可能性」第 9 回協働実践研究会

6. 桃井菜奈恵、山口優希子（2015）「読み手を意識して内容を推敲すること」を目指した作文授業の実践報告」第 9 回協働実践研究会

7. 今井己知子（2015）「協働学習の会話の授業における教師の介入のタイミングとその度合い―チュラーロンコーン大学日本語講座 2 年生の会話の授業について」第 9 回協働実践研究会

8. 広瀬和佳子（2015）「留学生の進路選択につながる省察的対話―書くことによる学びを考えるために」第 9 回協働実践研究会

9. 吉陽（2015）「ピア・レスポンスにおける学習者の役割について」第 9 回協働実践研究会

10. 小浦方理恵、鈴木寿子、唐澤麻里（2015）「日本語教師間のロールレタリングの実践―協働による教師研修デザインを目指して」第 9 回協働実践研究会

11. スニーラット・ニャンジャローンスック（2017）「基礎日本語ライティングの授業における母語話者教師と非母語話者教師の協働」第 13 回協働実践研究会

V 講演

1. スニーラット・ニャンジャローンスック（2014 年 11 月 11 日）「自律学習を目指した日本語読解授業―ピア・リーディングの応用」会場：カセサート大学人文学部

2. スニーラット・ニャンジャローンスック（2017 年 4 月 8 日）「日本語教育におけるピア・ラーニングの実践」会場：パヤオ大学教養学部

第8章

モンゴルにおける協働学習と実践報告

ナイダン・バヤルマ

　モンゴルは 1990 年代初めに起きた民主化の影響で、大学から小中高教育機関まで英語をはじめ様々な外国語教育が普及した。なかでも中国語の次に日本語の学習者数が多く、近年では都市部だけでなく地方でも日本語教育現場が増えつつある。

　モンゴル国内では教育機関や学習者の増加に伴い、1993 年にモンゴル日本語教師会、2007 年に日本語教育研究会が設立され、それぞれ年 1 回の例会が行われてきた。その中で、2010 年 10 月に行われた第 4 回日本語教育シンポジウムにおいては、東京国際大学の岡本能理子氏による「日本語教育における協働学習の可能性と課題」、上田安希子氏による「4 コマ漫画を使用したピア・ラーニング活動」ワークショップがあった。つづく 2011 年 9 月に行われた「第 5 回日本語教育シンポジウム」では、東京学芸大学の齋藤ひろみ氏による「自己表現を支える日本語教育—学習者の多様化と日本語教育の方法」の講演があった。2012 年 3 月 11 日にはモンゴル・日本友好 60 周年記念として、モンゴル日本語教師を対象とした日本語教育の協働学習の研修会を開催した。日本から池田玲子氏、舘岡洋子氏、斎藤ひろみ氏の 3 名が講演とワークショップを行い、協働学習の概念の紹介と具体的な日本語授業デザインの方法を紹介した。これらがきっかけとなり、2012 年 10 月には、少数メンバーではあったがウランバートルの日本語教師たちによる「協働実践研究会」を立ち上げることができた。この研究会では設立当初から月 1 回 1 時間ほどの協働学習勉強会を行ってきた。第 1 回は、池田玲子・舘岡洋子著

『ピア・ラーニング入門　創造的な学びのデザインのために』を輪読し、第2回は、参加者自身の実践を報告し合った。第3回目はメンバーの変更があり、再び上記の研究書を輪読し、第4回は各自が実践報告を行うなど、協働学習に関する知識を得て理解を深めることと、それぞれの教育現場で行っている実践について報告し合い、実践上の問題を共有してきた。

　以下、表 8.1 はモンゴル協働実践研究が開催した教師向け研修会、表 8.2 は学生向け研究会の内容をまとめたものである。

表 8.1　教員向けの研修会

日時	テーマ	対象者（参加者数）	主催及び講演者
2012 年 3 月 11 日 第 1 回協働学習研修会	「協働学習とは何？―生き生きした授業を目指して」	初中等学校・大学の日本語教師（98 名）	モンゴル国立教育大学 ・池田玲子氏 ・舘岡洋子氏 ・齋藤ひろみ氏
2013 年 1 月 11 日	「協働学習」	教育大学　外国語教員（46 名）	モンゴル国立教育大学外国語学部
2013 年 1 月 23 日	「協働学習を取り入れた教室活動」	ウランバートル市内の中学校の外国語教員（130 名）	モンゴル国立教育大学　外国語学部
2013 年 3 月 30・31 日 第 2 回協働学習研修会	「協働学習の実践と展開」	小中学校・大学の日・中・英・ロ語教員（120 名）	国際交流基金・モンゴル国立教育大学 ・池田玲子氏 ・齋藤ひろみ氏

　表 8.1 に示した 2012 年 3 月と 2013 年 3 月の 2 回の教師研修会は、日本の協働学習実践研究会の第一人者である池田玲子氏、舘岡洋子氏、齋藤ひろみ

氏を日本から招いて日本の協働実践研究会の企画で実施した研修会であり、それ以降はモンゴル教育大学外国語学部の企画運営で主催した研究会である。

　第 1 回目の研修会は、池田玲子氏、舘岡洋子氏、齋藤ひろみ氏による日本語教育の協働学習について、理論の概要と実践例の紹介を内容とする講演につづき、実際に教室活動を体験するためのワークショップであった。ここでは参加者全員がモンゴルでの協働学習実践の可能性について議論することができ、有意義な研修会となった。つづいて、2 回目の「協働学習の実践と展望」をテーマにした研修会では、第 1 回目の研修会に引き続き、協働学習についての知識をさらに深め、日本語教育だけでなく、他の外国語教育にはどのように応用できるのか、どう実践を改善できるのかを課題としたワークショップが行われた。それぞれが自分の授業デザインを体験することができた。最後には、モンゴルでの協働学習の実践の可能性と今後の展望について参加者全員で議論した。

　このように第 1 回目の研修会では日本語教師を対象に、協働学習の理論や必要性、実践方法について理解を得た。つづく 2 回目の研修会では、参加者全員がワークショップ形式の研修の中で授業デザインを行い、それをもとにグループ内で模擬授業を行ったことが非常に有益であった。さらには、初中等学校の他の外国語（英・ロ・中・韓・独語）教師たちがこの研修に参加したことで、モンゴルの外国語教育において協働学習の普遍性のある発展の可能性が見出せた。その意味で、この第 2 回目の研修会はモンゴル協働実践研究会の今後の大きな節目となる充実した機会になったといえる。

　次に、モンゴル協働実践研究会では、協働学習の体験を教員だけではなく、実習生にも体験してもらうため、モンゴル国立教育大学外国語学部の学生を対象に 2 回の研修会を行った。その内容は以下の通りである。

表 8.2　学生向けの研修会

日時	テーマ	対象者	主催者
2013 年 2 月	「実習生の創造的能力向上のために」（2 頭のロバ）	モンゴル国立教育大学 3 年生（教育実習生 30 名）	モンゴル国立教育大学外国語学部
2013 年 3 月	「蠅と蜂」	モンゴル国立教育大学外国語学部 4 年生（25 名）	モンゴル国立教育大学外国語学部

　これら 2 回の研修では、参加者を対象としたアンケート調査を行った。その結果、以下のように研修の意義を認識できたというコメントが多く見られ、モンゴルの日本語や外国語教員、そして学生にとっても非常に有意義なものであったと言える。

・教師指導の一斉授業から学習者主体の参加型授業というまったく違うスタイルの授業を体験したことで、有意義な学びとなり、授業観が変わった。
・ワークショップを通して協働学習の具体的なやり方がわかったのでぜひ現場で実践してみたく思う。
・授業に関する意識が変わり、授業への新たな気づきと学びができた。
・直ちに自分の授業に取り入れ、実践したい。
・参加者同士の協働、ネットワークができ、協働学習の活用の場が広がった。
・モンゴルでは 15 年ほど前から「学習者主体」の教育の気運が高まってきた。しかし、その方法は明確になっていなかったが、教員として「協働学習」という新たな教室活動を体験できた。
・学習者への対応と彼らの学習意欲を向上させる方法、実際に協働学習をどのように取り入れるか体験できたことが最大の収穫であった。
・教員や実習生の能力向上に役立った。

　このように設立以後今日まで継続してきた協働学習実践研究会だったが、残念ながらメンバーの変更や時間の調整の困難さがあり、2015 年から当研究会は活動が停滞している。しかし、メンバーが集まって勉強会や授業実践についての相談はできないのだが、それぞれの現場で協働学習の授業実践を継続している教師は少なくない。

　今回、モンゴル協働実践研究会設立の経緯を報告するという、このような貴重な場をいただき、日本の協働学習をはじめ海外拠点の活動を知ることは大きな意味がある。なぜなら、モンゴルでは未だ学習者主体の教育が浸透していない状況にあるので、ぜひ今後は日本や海外拠点の教師たちとの連携・協働により、モンゴル協働実践研究の新たなコミュニティづくりに取り組み、近いうちに研究会活動も再開したいと考えている。

第9章

共同体間の境界を越える教師協働の場の構築
－マレーシアの日本語教師の学び合いから－

木村かおり

1　はじめに

　「きょうどう」ということばは、複数の分野の中で使われている。そのため、表記も意味解釈も異なり、概念を定義、統一することは難しい（池田・舘岡 2007）。日本語教育においては池田・舘岡（2007）が「協働」という表記を用い、前提条件として、主体間が「対等」に認め合うこと、主体間に「対話」があり、その対話の「プロセス」で「創造」される新たな成果に、主体間の「互恵性」があることを「協働」の概念としている（2007：7）。

　この概念に基づき、池田・舘岡（2007）では、学習者の学習成果が自己省察と他者との「対話のプロセス」によって生み出されることを重視した「協働学習」について論じられている。ここでは、学習者は一人で学ぶのではなく、教室の中の他の学習者や教師、環境と自己省察しながら学ぶとされている。そして、学ぶのは学習者だけではなく、教師もまた、同じ場で学ぶのである。さらに、舘岡（2008）は、学習者の学習の進化のプロセスは、教師が行う実践研究の進化と共振関係にある（2008：53）と言い、学習者が他の学習者や教師、環境と自己省察しながら学習を進化させるためにも、教師が他の教師たちと対話し省察する実践研究を進化させる必要があると主張する。その実践研究こそが教師たちの「協働学習」と言えよう。

　では、日本語教育がその国において外国語教育の一つでしかなく、日本語教師も少ない海外の現場でも、日本で行うように、教師たちは他の教師と学

び合い、実践研究が行えるのだろうか。日本で行うように、自身の実践研究
を進化させる場を構築することができるだろうか。それはどのようにすれば
それは可能なのか。8 年前マレーシアに赴任したとき、筆者はこのように考
え、フィールド・リサーチを開始し、現地の日本語教師たちの学びの場を構
築する上で障害となる課題は何かを探った。そして、課題を乗り越え、教師
たちの協働学習の場の一つ、協働実践研究会[1]クアラルンプール（以下、協
働実践研究会 KL と略称）の設立をめざすことにした。本稿では、この協働
実践研究会 KL の設立のプロセスと活動内容の例示、そして、活動の意義の
考察を行いたい。

2　協働実践研究会 KL 支部設立の背景

　マレーシアは、東南アジアにある国で、多民族・多文化・多言語国家とし
て知られている。その文化的差異と融合を観光の呼び物に人々を魅了し、首
都のクアラルンプール（以下 KL と略称）国際空港の年間利用者数は、マ
レーシアの人口の約 1.3 倍、海外から入国旅行者数はほぼ人口に匹敵し（総
務省 2017）、東南アジア第 1 位の海外旅行者数を誇る。つまり、マレーシア
では国民だけでなく、海外から訪れる人々の持つ多様な文化、異なった価値
観が交錯していると言える。異なった文化背景、異なった価値観を持つ人々
が交流し、互いを理解するために必要なことは何か。それが「対話」であろ
う。ここで想定している対話とは、自分とは異なる複数の他者との声のやり
取りの対話や、自分自身の内省の声を聞き自己内で行う対話のことである。
　筆者は、様々な価値観が混ざり合うマレーシアのマラヤ大学（以下、適宜
UM とする）に 2011 年に赴任した。赴任前、多様な文化背景を持つ人々が集
まるマレーシアにおいては、上述したような「対話のプロセス」を重視した
協働学習の理念が、全教育にすでに取り入れられ浸透していると考えていた。
しかし、初・中等の公立学校では民族別の教育をしており、大学や予備教育
機関では一部、民族別の入学制限があった。そこには、異なる文化を持つ者
同士が理解し合うための対話の場が十分に設けられているようには見えな
かった。筆者の授業の中で、学生たちが自文化と他文化の異なりの存在には

136

気づいていたが、他文化そのものがどんなものであるか、どうして異なっているのかを考えずに、ただ容認しようとしているように見えた。学生が見せた他者文化理解の態度は、社会にある異なりに自分たち自身で気づき、理解する態度ではなく、自分たちの社会は多文化社会であると主張する公の声を容認する態度のように見えた。筆者はこれを「プロトコル化された理解」（Kimura 2012；木村 2013a）と呼んだ。他者文化に対して、このような理解のあり方では、異なる文化を持つ学生同士が相手との異なる点や価値観について対話し、交渉し合い、両者で創発的なものを生み出す学習活動、「協働学習」を行うことは容易ではない。実際に、学生たちは学部生になっても協働学習の経験がほとんどなかった。

　学生だけでなく、日本語教師たちにも調査を行ってみた。「協働学習」への日本語教師たちの関心を測るため、「協働」、「内省」、「ピア活動」などのキーワードが含まれている論文（マレーシアで刊行された論文）を調査[2]してみたが、当時 3 本[3]しか見つからなかった。既に協働実践研究会が立ち上がっていた韓国、台湾、中国の論文数[4]と比較しても、その数は明らかに少なかった（木村 2012）。このような他者と共に学び合う協働学習に教師たちの関心が低い環境では、学生たちが協働学習に興味を持ち、自身で協働学習を進めるはずはない。学習者が省察し合い、他者と学び合う協働学習を行うためには、教師が他の教師たちと対話し省察する協働学習、そして実践研究を行う必要があるのではないか。そして、そのための環境を整える必要があるのではないか。

　筆者は、このような問題意識から、教師の協働学習の場、実践研究の場として、研究会の立ち上げを目指したのである。その研究会として、協働実践研究会の支部を立ち上げようとしたのは、ここまで述べたように「協働」という概念がマレーシアの日本語教育の現場に必要だと考えたためである。また、研究会の立ち上げ時に、筆者とともにコア・メンバーとなりそうな人を他に見つけることができなかったことから、既に活動基盤ができあがっている協働実践研究会の KL 支部として立ち上げることが適当だと考えた。そして、研究会設立後、既に 5 年が経過したことから研究会活動の意義を検討す

ることにした。

　以下、3.「協働実践研究会 KL 設立のプロセス」として活動内容を例示し、
4.「マレーシアにおける協働実践研究会活動の意義」を述べる。その上で、
協働実践研究会 KL が関わった協働実践研究のためのプロジェクトである、
5.「アジアにおける協働実践研究のためのプラットホーム構築」の意義を検
討し述べる。

3　協働実践研究会 KL 設立のプロセス

　協働実践研究会 KL は、2012 年 10 月に立ち上がった。協働実践研究会 KL
が設立する前にマレーシアの日本語教師が全く「協働学習」ということばを
知らなかったわけではない。しかし、「協働学習」を単なるグループ活動だ
と捉えたり、学習者に対する教授法だと考えたりしていたようであった。そ
して、多くの教師にとって「協働学習」は、教師が「実践するもの」ではな
く、「書物から学ぶ対象」であった。そこへ、協働実践研究会の東京のメン
バーの一人である舘岡氏がマレーシア日本語教育セミナーに招聘され、「読
解」をテーマに「協働学習」のワークショップを行った（2012 年 3 月）。こ
れが教師たちへ実践の形で「協働学習」を紹介する契機となった。

　これに合わせ、筆者もマレーシアにおける「協働学習の実践研究」数の調
査をした。調査対象としたのは、国際交流基金クアラルンプール（以下
JFKL と略称）主催のマレーシア日本語教育研究発表会の予稿集 [5]7 年分、日
本語教育に関する研究を取り上げた JURNAL BAHASA DAN BUDAYA JEPUN
（University of Malaya）と JAD 日本語教育報告書（Japanese Associate
Degree Program）の各 2 年分 [6] である。これらの雑誌に、「協働」、「内省」、
「ピア活動」等のキーワード [7] が使われているかを調べた。その結果、該当
するものが 3 本しかないことがわかった。この調査結果と、協働学習の経験
のない教師と協力して協働学習の授業を作ることの難しさを、2012 年 10 月
マレーシア日本語教育研究発表会において発表した。発表では、学習者に協
働学習を勧めるのであれば、教師自身に協働学習の経験が必要であることを
主張した。発表の場では、現場の悩みや意見を交換することを目的とした協

138

働実践研究会 KL の立ち上げも表明し、研究会会員を募り、その年の 12 月から研究会活動を開始した。しかし、協働実践研究会の運営はそれほどスムーズではなかった。次項では、立ちはだかっていた課題と、課題を越えながら実施した活動内容を述べる。

4　マレーシアにおける協働実践研究会活動の意義

4.1　マレーシアの日本語教育環境の観点からの課題

　池田（2015）は、海外における協働学習の実践研究環境を発展、継続させることを困難にする要因として、①情報不足、②検討の場の不足、③日本語教育の位置づけの問題をあげている。マレーシアにおいては、②検討の場の不足が課題の中で大きな比重を占める。まず、マレーシアには日本語教育機関は 176 機関しかない。これを協働実践研究会の海外支部があるインドネシア、台湾と比較してみると、インドネシアの 2,496 機関、台湾の 851 機関（JF2017）に遠く及ばない。また、高等教育機関に絞って日本語教師数を見てみると、インドネシア 774 人、台湾 1,108 人に対し、マレーシアは 161 人だけである。この数は、この 2 国に比べ、高等教育機関数がきわめて少ないことを反映しているのであるが、この少ない数からも、また、以下の現状からも、マレーシアの教師に他者と行う「協働学習」が必要であると言える。

　まず、マレーシア国内には、学部レベルの日本語教師の養成コースがなく、日本語主専攻コースも 1 機関しかない。大学院レベルの日本語や日本語教育に関する専門課程もない。このような状況は、日本語学習者数が世界のトップ 10 に入る国の中ではマレーシアだけである。専門課程がないため、日本語や日本語教育を専門的に研究する院生もおらず、少ない日本語教師数を支え、研究会、研究活動をするには、かなりマンパワー不足の状態である。日本語や日本語教育専門課程だけでなく、ローカル教師たちが主催する日本語教師会、日本語教育に関する勉強会や研究会などが 2012 年 10 月の段階では全くなかった。これが意味するのは、研究を支えるような情報の交換の機会、検討の場が十分でないということである。大学に日本語教師養成課程がないため、日本語教育における高等教育と中等教育のつながりも希薄である。実

は、マレーシアは留学政策で日本に多くの学生を送っており、そのための日本語予備教育は盛んである。他のアジアの国に比べると JF 派遣日本語専門家の数も多い。しかし、そのほとんどは、予備教育に派遣されており、彼らは 2 年ほどで帰国してしまう。しかも、マレーシアの監督省庁は、中等教育、予備教育と大学教育では異なる。つまり、民族別の教育機関や、中等、予備教育、大学教育の機関の区別をそれぞれ異なる共同体と捉えられ、制度的にも共同体間は分断されており、マンパワーも分断された状態であると言える。フィールド調査からは、共同体間が分断されている現状や、教師たちが学習の場を求めていることがわかった（木村 2013b）。そのため、協働実践研究会 KL は、中等学校と高等学校とを区別せず、全ての機関の教師に対してオープンな活動を目指すことにした。

4.2　マレーシアでの協働実践研究会 KL の活動状況

　このような状況下にして設立した協働実践研究会 KL の活動は、遠方の参加教師が集まりやすいように、日本の公的機関が主催する 3 月の JFKL 教育セミナー終了後、その日の午後に実施することにした。以下、協働実践研究会 KL の活動状況（ミーティングを除く活動例）の概要をまとめる。また、ワークショップ（セミナー）[8] を実施した 4 回に関しては、プログラムをあわせて提示する。

協働実践研究会マレーシア KL 支部立ち上げ
・日時：2012 年 10 月 7 日（日）
・場所：JFKL 日本語教育研究発表会の場

協働実践研究会マレーシア KL 支部第 1 回勉強会
【実践報告】
・日時：2012 年 12 月 22 日（土）（11.00-13.00）

・参加者[9]：大学教員 2 名、予備教育教員 3 名（日本語科教員、理数科教
　　　　　　員）計 5 名
・場所：KL 市内のオープンカフェ
・内容：自己紹介、所属先紹介、会の趣旨説明と会の活動予定を確認

協働実践研究会マレーシア KL 支部第 2 回勉強会
【理論＆実践報告】
・日時：2013 年 3 月 3 日（13.00-15.00）
・場所：マラヤ大学の学食
・参加者：大学教員 7 名（日本語科、コンピューターサイエンス科教員）
　　　　　中等教育教員 1 名、予備教育教員 1 名、計 9 名
・内容：研究会の構成を「理論」と「実践」とパートを分け、読書会約
　　　　45 分、授業報告会約 40 分
　　　　1）理論パート：『先生のためのアイディアブック―協同学習の
　　　　　基本原則とテクニック』第 8 章（ジョージ・ジェイコブズ、
　　　　　マイケル・パワー、ロー・ワン・イン：日本協同教育学会）
　　　　　の内容を確認する過程で、教師北出理恵氏（UM）が授業報告
　　　　　もはさみながら「振り返り」を語る。
　　　　2）実践パート：教師スザナ・イスマル氏（UM）の自分の教案や
　　　　　評価表を見せながら簡単に会話授業の実践報告を行った。

　しかし、活動開始 2 年目で既に、会員数は伸び悩み、参加メンバーは偏っ
ていた。また、筆者一人が企画する活動内容は行き詰まり、活動は停滞して
いた。ちょうどこの頃、海外の学会（キャンベラ）で東京の協働実践研究会
メンバーである池田氏と出会い、アジアにおける協働実践研究のためのプ
ラットホーム構築のプロジェクトを知る。そして、「マレーシアでのワーク
ショップ作りに協力する」というオファーをもらうことができ、以後、勉強
会と隔年で日本から講師を呼ぶワークショップ（セミナー）を開催すること
になる。セミナーを実施することで、JF の助成を受けることができるよう

になり、JF が後援していることが協働実践研究会 KL の活動の宣伝ともなった。参加教師の中には、2 年で帰任する教師もおり、参加メンバーの入れ替わりは依然としてあったのだが、活動の規模に応じた一定数の参加教師を集められるようにはなった。

協働実践研究会マレーシア KL 支部
　第 1 回ワークショップ（セミナー）＆　第 3 回勉強会
【理論＆実践報告】
・日時：2014 年 9 月 5 日、6 日（10.00-13.00、10.00-15.00）
・参加者：両日約 20 名 JFKL の助成と JFKL からも参加者あり
・場所：マラヤ大学言語学部 Room Kiambang
・内容：日本から講師を招聘し、初日にセミナー、2 日目に 2 名の教師
　　　　によるポスター発表のデモ後、参加教師がグループで教案とな
　　　　るポスターを作り発表
・スケジュール：
9 月 5 日（金）

時間	プログラム
09.20-09.45	受付〈Beringin Hall〉前
09.45-10.00	開会式〈Beringin Hall〉 歓迎の挨拶 マラヤ大学言語学部副学部長 開会の挨拶　協働実践研究会 KL 代表 来賓の挨拶　国際交流基金 KL 所長
10.00-12.00	セッション 1<Room Bongor> セミナー：「グローバル時代の人材育成—日本語教育におけるピア・ラーニングの理論と実践—」舘岡洋子氏（早稲田大学）
12.00-13.00	昼食<Room Kiambang> アカデミック・ネットワーキング（自由解散）

9 月 6 日（土）	
09.20-09.45	受付<Room Bongor>
09.45-10.00	本日の流れセッション 2 ＆ 3 <Room Bongor>
10.00-11.00	セッション 2<Room Bongor> ポスター発表デモンストレーション Ang Chooi Kean 氏（IPGKBA）[10]・筆者（木村） （UM）[11]
11.00-12.30	セッション 3<Room Bongor> ワークショップ
12.30-13.30	昼食<Room Kiambang>
13.30-14.30	参加者によるグループポスター発表
14.30-14.55	参加者のアンケート回答（振り返り） <Room Bongor>
14.55-	閉会式<Room Bongor> 総括 アカデミック・ネットワーキング（自由解散）

【アカデミック・ネットワーキングの時間の確保】

　協働実践研究会 KL では、セミナー規模で行うときは、アカデミック・ネットワーキングを重視し、その時間を十分にとっている。ただし、金曜日開催時は、ムスリムの祈りの時間を考慮して解散している。

協働実践研究会マレーシア KL 支部第 4 回勉強会
【理論と実践編混合型】
・日時：2015 年 3 月 7 日（土）（14.00-16.00）
・参加者：大学教員 2 名、予備教育教員 1 名、計 3 名
・場所：マラヤ大学言語学部 Room TS15

・内容：第8回協働実践研究会（於早稲田大学）予稿集を読み、ある一つのポスター発表に対し、現場の異なる3人の教師が自分たちの問題にひきつけて議論した（取り上げた発表：東海大学のNさんらのポスター発表「私たちの現場の問題をどう捉えるか─多様な視点を共有する「滝」　ワークショップの報告」）。

協働実践研究会マレーシア KL 支部
　第2回ワークショップ＆第5回勉強会
【実践報告】
・日時：2015年8月22日（土）
・参加者：大学教員6名、中等教育教員他4名、予備教育教員5名、
　　　　　計15名
・場所：マラヤ大学言語学部 Room Kiambang
・内容：招待ポスター発表と公募ポスター発表
・スケジュール：

時間	プログラム
11.30-	受付開始 マラヤ大学言語学部＜Room Kiambang＞
11.30-12.00	（発表者ポスター設置）
12.00-12.10	開会の挨拶（協働実践研究会 KL 代表） 本日の流れ
12.10-	（稗田奈津江氏のポスターにコメントを貼る時間）
12.20-13.00	稗田奈津江氏（UKM）[12] の発表とディスカッション
13.00-13.50	休憩（各発表者のポスターにコメントを貼る時間）
13.50-14.30	Ang Chooi Kean 氏の発表およびディスカッション ①グループ（35分）
14.30-15.10	筆者（木村）（UM）の発表およびディスカッション ②グループ（35分）

15.10-15.50	Hani Shararliza Mohd Isa 氏の発表およびディスカッション③グループ（35分）
15.50-16.00	まとめ
16.00-	参加者のアンケート回答（振り返り） アカデミック・ネットワーキング（自由解散）

【運営委員としての参加教師の増加】

　開催場所がマラヤ大学であったことから、第1回ワークショップ（セミナー）の運営委員はマラヤ大学の教師のみであったが、第2回からは他機関の教師が運営委員を担った。このことは、学会や教師会による勉強会活動のないマレーシアにおいて、機関を越えた日本語教師が協働する貴重な第1歩となった。運営委員としての活躍の一つがワークショップ（セミナー）活動を撮影し、協働実践研究会のホームページへの報告をあげることであった。ホームページには、この運営委員による「参加者のマレーシア人と日本人の比率がとてもいいバランスで、日本人だけの研究会とは違った雰囲気で進められ、それぞれの視点からの意見は相互に刺激があったのではないかと思います。」ということばがあった。このことばは、協働実践研究会 KL がマレーシア人と日本人が協働する貴重な場の一つであることをも示している。

協働実践研究会マレーシア KL 支部第6回勉強会

【理論】池田玲子氏を交えたゼミ形式

・日時 2015年9月4日（金）（13.00-17.00）

・参加者：池田玲子氏、大学教員5名、予備教育教員1名、計7名

・場所：マラヤ大学言語学部 Room GR8

・内容：1)実践を共有する意味について池田玲子氏の講義（共有の方法
　　　　　　としての発表・論文執筆）

　　　　2)参加者の未完の論文でディスカッション

　　　　3)池田玲子氏の協働実践研究会のセミナーの実践報告

　　　　4)今後の協働実践研究会 KL のワークショップのやり方を議論

【マレーシアを超えた活動の場】

　協働実践研究会 KL の活動は、マレーシアだけで行ったのではない。少ない会員での活動を補うために、他国の支部や他の研究会に KL 支部会員と共に参加した。それが以下の二つの報告である。

2015 年 9 月 19 日（土）

1) 協働実践研究会インドネシア支部研究会に筆者を含む KL 支部会員 3 名が参加

2) 筆者（木村）によるマレーシアの「協働学習」への姿勢及び研究会の現状についての報告

2016 年 3 月 16 日（土）

1) タイ・バンコクの日本語教育研究会に、筆者を含む KL 支部会員 2 名が参加

2) 筆者（木村）によるマレーシアの教師協働事例の発表

【省察の時間の確保】

　協働実践研究会 KL では、ワークショップ（セミナー）終了後、運営委員を含む参加教師全員にアンケートを行っている。アンケート実施は、研究会にとっては活動の改善のためであるため、回答時間を十分にとり、参加教師にとっての省察の時間としている。アンケートには「ワークショップ参加は、あなたにとってどのような意味があるか」、「ワークショップ参加によって、何か変化したものがあるか」を問う質問項目がある。第 4 回のワークショップ（セミナー）では、この自由記述の回答部分をその場で集計した。そして、参加教師の同意を得た上で、この回答をスクリーン上に映し、他者の振り返りのことばを共有し、コメントし合い、それぞれが再省察できる時間を作った。

協働実践研究会マレーシア KL 支部

　第 3 回ワークショップ（セミナー）＆第 7 回勉強会

【理論＆実践報告】

・日時 2016 年 8 月 26 日、27 日（10.00-15.00、10.00-13.30）

・参加者：

　　26 日：大学教員 10 名、予備教育教員 1 名、中等教育教員 1 名、
　　　　　パートナーズ 1 名、JFKL2 名、語学学校教師 2 名、学生 2
　　　　　名、計 17 名

　　27 日：大学教員 4 名、予備教育教員 4 名、中等教育教員 2 名、パー
　　　　　トナーズ 1 名、教師養成機関教員 1 名、語学学校教師 2 名、
　　　　　学生 2 名、計 16 名

・場所：マラヤ大学言語学部

・内容：日本から講師を招聘し、初日に語学教師のためのセミナーと
　　　　ワークショップ 1、2 日目に公募ポスター発表 1 件、およびワー
　　　　クショップ 2

・スケジュール：

8 月 26 日（金）

時間	プログラム
09.30-10.00	セミナー受付
10.00-10.20	開会式＜Beringin Hall＞ 歓迎の挨拶　マラヤ大学言語学部副学部長 開会の挨拶　協働実践研究会 KL 代表
10.20-11.10	セッション 1 セミナー：（英語） 　Designing classroom activities for learning Japanese Conversation : Some useful ideas of Conversation Analysis「語学教師のためのセミナー 会話分析のアイディアを生かした会話教育のための活動デザイン」

	岩田夏穂氏(政策研究大学院大学)[13]
11.10-13.00	昼食＜Room Kiambang＞
	ワークショップ1受付
13.00-14.30	セッション2
	ワークショップ（1）講義・活動・発表
	＜Room Bongor＞
	池田玲子氏（鳥取大学）
14.30-15.00	ワークショップ1総括および振り返り

8月27日（土）

09.30-10.00	ワークショップ2受付
10.00-10.40	セッション3
	ポスター発表＜Room Bongor＞
	Mohd `Adlan Bin Mohd Shariffuddin 氏(SMK Tengku
	Intan Zaharah)[14]
10.40-11.20	休憩（アカデミック・ネットワーキング）
	午後の活動のグループ分け
11.20-13.00	セッション4
	ワークショップ（2）講義・グループ活動・グループ発表
	池田玲子氏（鳥取大学）
13.00-13.30	参加者のアンケート回答（振り返り）
13.30-	閉会式
	総括
	アカデミック・ネットワーキング(自由解散)

協働実践研究会マレーシア KL 支部第 8 回勉強会

【実践報告】ゲストスピーカーを交えたゼミ形式

・日時 2017 年 5 月 13 日（土）（10.30-13.00）

・参加者：こども日本語教育活動実践者 1 名、大学教員 2 名、予備教育
　　　　　教員 2 名、〔社会人〕大学院生 1 名、計 6 名

・場所：KL 市内のカフェ

・内容：1）子どもの日本語教育活動実践者による実践紹介発表者と日本
　　　　　語教育の関わり、教材とかなを教えること、物語を読み聞か
　　　　　せる実践例の紹介

　　　　2）『子どものことばを考えるワークブック』（川上ほか
　　　　　2014）10 課、11 課
　　　　　ワークブックの質問を参考に国語の教科書と日本語を学ぶ子
　　　　　どもの教材、日本語学習者用の読み物(昔話)の比較

　　　　3）昼食とアカデミック・ネットワーキング

協働実践研究会マレーシア KL 支部

　第 4 回ワークショップ（セミナー）＆　第 9 回勉強会

【理論＆実践報告】

・日時 2017 年 8 月 26 日、27 日（10.00-17.30、13.00-15.30）

・参加者：

　　26 日：大学教員 11 名、予備教育教員 1 名、中等教育教員他 2 名、
　　　　　　JF1 名、語学学校教師 1 名計 16 名

　　27 日：大学教員 7 名、予備教育教員 1 名、中等教育教員他 2 名、
　　　　　　計 10 名

・場所：カプリホテル

・内容：日本から講師を招聘し、初日に語学教師のためのセミナーと
　　　　　ワークショップ、2 日目公募発表 3 件と振り返りセッション

・スケジュール：

8 月 26 日（土）

時間	プログラム
09.30-10.00	受付
10.00-10.20	開会式 開催の挨拶　協働実践研究会 KL 代表
10.20-11.30	招待発表（英語） Investigating Japanese Language skills' proficiency among Malaysian Japanese Speaking Graduate Employees in Japanese Related Companies in Malaysia　Yeoh Lee Su 氏（USM)[15]
11.30-12.00	セミナー（英語） Collaborative Teaching and Learning for Business Communication　近藤彩氏（麗澤大学）
12.00-13.20	昼食
13.30-15.00	ワークショップ 1 ビジネスコミュニケーションのためのケース学習 近藤彩氏（麗澤大学）
15.00-15.30	休憩
15.30-17.00	ワークショップ 2 Researches and Development in Collaborative Teaching and Learning (Prof. Dr. Ikeda, Tottori university)　池田玲子氏（鳥取大学）
17.00-	本日の振り返り アカデミック・ネットワーキング（自由解散）

8月27日（日）

13.00-13.30	受付
13.30-15.30	参加者による実践報告 Ang Chooi Kean 氏（IPKGBA）・Mohd `Adlan Bin Mohd Shariffuddin 氏（SMK Tengku Intan Zaharah） 北出理恵氏（UM）・筆者（木村）（UM）

15.30-16.00	参加者のアンケートの回答（振り返り）
16.00-	閉会式
	総括
	アカデミック・ネットワーキング（自由解散）

4.3　考察

　ここでは次の 2 点を考察する。活動の変遷を振り返り、1）協働実践研究会 KL という「場の構築という観点」からの協働実践研究会 KL の活動の意義は何か。また、協働学習の重要な要素を省察と捉え、2）「活動内容の観点」からの協働実践研究会 KL の活動の意義は何かという 2 点である。

　（1）場の構築という観点から：協働実践研究会 KL の活動の意義
ワークショップ（セミナー）の開催場所のマラヤ大学の教師のみでなく、他機関の教師が運営委員として参加し、JFKL の共催なしに自分たちで協働実践研究会活動を作ったという点は意義が大きい。また、運営委員の報告にあったように「マレーシア人〔教師〕と日本人〔教師〕の比率がとてもいいバランス」で参加していた。協働実践研究会 KL という全ての参加教師にとっての第 3 の場を構築することで、マレーシア人教師がほとんどである機関と日本人教師がほとんどである機関の教師の間で、個人レベルでの学び合い、つまり教師協働を進めることができた。（＊〔　〕内筆者補足）

　活動最後の振り返りの時には、「同じ機関のマレーシア人教師の授業を見ることがなかった。この会に参加してマレーシア人の先生の授業を知ることができた。」という日本人教師たちの声もあった。日本人教師にとって、この第 3 の場は、マレーシア人教師の悩みや学習者の悩みの意味を直接確認できる場になるという意義が見出せた。

　（2）活動内容の観点から：協働実践研究会 KL の活動の意義
では、教師個人は、協働実践研究会 KL の活動内容にどのような意味を見出しているのか。これを検討するために、日本の公的機関が KL で毎年主催する大規模セミナー後のアンケートの回答と協働実践研究会 KL の活動

後のアンケートの回答を比較分析した木村・ウー（2017）から簡潔に結果を述べる。分析の結果、教師たちは、協働実践研究会 KL の活動後、「活動から得たこと」を記述する欄に「（わたしは）〜ことができた」というような表現を多く用いていたことがわかった。これに対し、大規模セミナー参加後のアンケートの回答には、「〜ていただきました」という表現や講師やセミナーに対する感謝のことばが多く見られた。つまり、協働実践研究会 KL の活動に対しては、活動の場で教師が主体的に関わっていることを表す表現が多く見られた。また、アンケートの回答に対するフォローアップの聞き取り調査からは、教師たちが一つの「協働」というテーマを持つ場に集い、他者の実践を見、様々な機関の教師と対話することで、自身の実践を映し出し、省察していることがわかった。

　加えて、協働実践研究会 KL の活動後に実施したアンケート及びその回答に対するフォローアップの聞き取り調査から個別の声を紹介したい。協働実践研究会 KL では、日本から講師を招聘し、ワークショップ（セミナー）を行うだけでなく、参加教師による実践報告の時間を設けている。参加教師は、「報告から授業のヒントを得た」とアンケートで回答しているように、講師だけから授業のやり方を学ぶのではなく、参加した教師仲間の授業からも学んでいる。その中で「所属予備教育機関では、勉強会活動がなく、マレーシア人教師との学術交流もほとんどない」という日本人参加教師は、協働実践研究会 KL の活動で「マレーシア人教師の授業を知ることにより、マレーシアで行うべき自分の授業を振り返ることができた」と述べている。また、「協働学習というのは、教室でグループ活動を行うだけだと思っていた。しかし、教室外の学習者や他者との対話でもいいのかとわからなくなった」と、他者の実践の報告に自身の教育観が揺さぶられたという感想もあった。

4.4　小括

　以上は、協働実践研究会 KL の活動が教師個人の省察を促すだけでなく、マレーシアの教師をつなぎ、共同体間の境界を越えて、協働学習を行う場となっていること、その結果、マレーシアの日本語教育に現在求められている

152

ものを複数の角度から見つめ直す機会になっていることを示している。また、ここで起こった対話は情報として、異なる共同体に属するマレーシア人教師にも、日本人教師にも、双方に共有されていることを示している。以上、協働実践研究会 KL の活動の意義を考察した。次節では、アジアにおいて協働実践研究のためのプラットホームを構築する意義を考える。

5 アジアにおける協働実践研究のためのプラットホーム構築の意義

池田（2015）は、協働実践研究のためのプラットホーム構築の協働プロセスを促進させる要因として、キーパーソン、課題の共有化、現地の状況という 3 点を取り上げ、この 三つの要因のどれが欠けても短期間での支部設立の可能性が低くなると述べている。マレーシアにおいては、筆者が赴任当初のフィールド・リサーチで見出したように現地の教師に協働学習の理念や、教師の学び合いの場が必要であるという課題は共有化されておらず、教師が学び合う場を協働的に構築することが難しい状況であった。だが、逆に難しい状況であったからこそ、それを克服するためにキーパーソンとなる教師が研究会を立ち上げようとしたと言える。しかし、そのキーパーソン教師（例えば筆者）と日本のプラットホームのメンバー（例えば池田氏）とがどこかでつながらなければ、残りの二つの要因を克服して、KL 支部設立を成し遂げることはできなかった。すなわち、「アジアにおいてプラットホームを構築しようとするプロジェクトメンバー」が、日本語教師の少ないマレーシアの「協働実践研究会 KL のコア・メンバー」の役割をも担ったのである。また、プラットホームとしての KL 支部のコア・メンバーがアジアの他のプラットホーム（例えばインドネシア支部 やタイの他の研究会）のコア・メンバーとつながることで、研究会間で意見や価値観の交流が行われ、国を越えた対話の場が生み出された。そして、その場での議論は、活動の継続に悩んでいた筆者のモチベーションを刺激し、活動を継続させることができた。つまり、アジアにおけるプラットホーム構築は、それぞれの研究会の枠という境界を越えた第 3 の対話の場を構築し、コア・メンバーたちを刺激し、活

動の持続可能性を広げる役割を果したのである。

6 おわりに

　本稿では、まず、マレーシアの日本語教育現場を調査し、教師たちが学び合う場、実践研究を行う場が必要であるが、場を構築するためのマンパワーが十分ではない実情を述べた。だが、日本を含むアジアの各研究会が国を越えて教師たちの結びつきを作ることによって、そのマンパワー不足を補い、研究会 KL のコア・メンバーの学び合いを支える可能性が示せた。そして、協働学習を理念とする研究会 KL という場が、所属機関の異なる教師たちを結びつけ、自己省察する場、教師たちの学び合いの場、実践研究の場の一つとして意義があるものであったことが報告できた。

　今後さらに、アジアにおいて、協働実践研究のプラットホームが構築され、そのプラットホーム間で深く結びつくことによって、アジアの教師たちが、より刺激し合い、共に成長していくことを期待したい。

注

1.　協働実践研究会は、2010 年に実践研究者たちの学びを支える場づくりを目的とし、東京で設立された。協働実践研究会 KL は、2020 年にマレーシア協働実践研究会と改名した。

2.　調査方法については、次項において詳述する。

3.　3 本のうち 1 本は筆者のものであった。

4.　語検索で、以下のキーワードのある論文・発表を「協働実践研究会」のメンバーが調査を行った。日本 160 本、韓国 22 本、台湾 5 本、中国 14 本

5.　2005 年から 7 年分、詳細は本稿末資料にまとめる。

6.　発行は複数年あるようだが、発行され一般に公開されたことが確認できたのは 2 年分である。

7.　キーワードは以下の三つのカテゴリーに分けられるものである。1) 協働、ピア・レスポンス、ピア・レビュー、ピア・ラーニング、2) 内省、アクションリサーチ、教師の学び、3) ピア活動、インターアクション、グループ学習、共同

8.　本研究会がめざす活動形態はワークショップである。しかし、セミナーも行った年もあるた

め、このように表現する。

9. 本稿では、「参加教師」という語を使用する。ただし、引用や、表内で参加する者であると
いう意味を伝えるだけでよい場合、「参加者」とする。

10. 教員養成学校国際語キャンパス

11. マラヤ大学、所属は参加当時

12. マレーシア国民大学、所属は参加当時

13. 所属は参加当時

14. 所属は参加当時

15. マレーシア科学大学

参考文献

池田玲子・舘岡洋子(2007)『ピア・ラーニング入門―創造的な学びのデザインのために』ひつ
じ書房.

池田玲子(2015)「協働実践研究のための海外プラットホーム構築―アジアでの活動に向けて」
『言語文化と日本語教育』50 号お茶の水女子大学日本言語文化学研究会、pp. 38-50.

木村かおり(2012)「マレーシアにおける教師の協働的学習の可能性を探る―日本語教師がつな
がる場の構築を目指して」『第 9 回マレーシア日本語教育研究発表会予稿集』国際交流基
金クアラルンプール／AAJ・PASUM.

木村かおり(2013a)「多文化社会における異文化間言語学習能力を考える―おにぎりプロジェク
トを通して」『日本語プロフィシェンシー研究』創刊号、凡人社、pp. 138-156.

木村かおり(2013b)　『『日本語・日本研究』教育環境から考えるマレーシアの日本語教育のあり
方―日本政府主導型支援から現地の日本語教育専門家主体型へ」『留学生教育』18 号、留
学生教育学会、pp. 73-80.

木村かおり・ウーワイシェン(2017)　「教師たちを省察的実践家へと導くにはどのような場が必
要か―協働実践研究会 KL の活動事例から」『第 14 回マレーシア日本語教育国際研究発表会
予稿集』国際交流基金クアラルンプール／AAJ・PASUM.

舘岡洋子(2008)「協働による学びのデザイン協働的学習における『実践から立ち上がる理論』」
細川英雄他編『ことばの教育を実践する・探究する活動型日本語教育の広がり』pp. 41-56、
凡人社.

Kimura,K.(2012) Learning Outcomes of a Japanese Language Class under the Look East Policy : from the Perspective of Intercultural Language Learning. International Seminar 30 Years Celebration of the Look East Policy. Proceedings, pp.33.

資料

『世界の統計 2017』総務省統計局 (2017) http://www.stat.go.jp/data/sekai/index.htm

『マレーシア日本語教育研究発表会予稿集』(2005)、(2006)、(2007)、(2008)、(2009)、(2010)、(2011). 国際交流基金クアラルンプール

『JAD 日本語教育報告書』(2004)、(2007). Japanese Associate Degree Program
JURNAL BAHASA DAN BUDAYA JEPUN (2010)、(2011). University of Malaya

第10章

協働実践研究会インドネシア支部の活動
—支部設立の経緯および現状と展望—

アリアンティ・ヴィシアティ

1 協働実践研究会インドネシア支部

　インドネシアでは、近年、学校教育全体に教育変革が迫られ、現場では教師主導の学習形態から学習者中心の学習形態への転換がさかんに模索されている。しかし、インドネシアの日本語教育では、いまだ学習者主体の理念は注目されておらず、学習者主体の学習形態のひとつである「協働学習」に関する教育概念も教師たちには、ほとんど知られていない。

　こうした中、2015年5月にジャカルタにある国際交流基金ジャカルタ日本文化センター（以下、ジャカルタ国際交流基金）において、ジャカルタの日本語教師を対象とした学習者主体の教育を趣旨とした日本語教師研修会が開催された。このときの研修テーマは「協働学習」であった。このときの日本語教師研修会を契機に、ジャカルタの日本語教育関係者が集い、協働学習の実践や実践研究を促進する目的で、「インドネシア・ジャカルタ協働実践研究会支部」が設立された。

　本稿では、協働実践研究会インドネシア・ジャカルタ支部設立の経緯と、これまでの支部の活動について報告する。また、今後の展望についても併せて記す。なお、ジャカルタ、ボゴール、デポック、タングラン、ベッカシ地区（以下、ジャボデタベック地区）での活動を中心に取り上げる。

2 協働実践研究会インドネシア支部の活動
2.1 ピア・ラーニングのワークショップ

　協働実践研究会インドネシア・ジャカルタ支部の設立は、2015年5月ジャカルタ国際交流基金とインドネシア日本語教育学会ジャボデタベック支部の共催による日本語教師研修会でのピア・ラーニングのワークショップがきっかけとなった。このときのワークショップには日本から池田玲子氏、岩田夏穂氏、神村初美氏がワークショップ講師として日本語教師研修会を実施した。

　日本語教師研修会は、第1部が「ピア・ラーニングの体験（ワークショップ）」、第2部が「ラウンドテーブル」という構成で行われた。

　第1部では、池田玲子氏によるピア・ラーニングの講演の後、神村初美氏による介護看護の日本語教育の実践事例の紹介があり、その後、両氏と岩田夏穂氏によるワークショップが実施された。このワークショップでジャカルタの日本語教師たちは、初めて日本語教育におけるピア・ラーニング授業の学習者体験をすることができた。

　第2部のラウンドテーブルでは、参加者が9グループに分かれ、ピア・ラーニングについてのディスカッションを行った。ここでのテーマは、「初級レベルの聴解、会話、読解、作文」と、「中級レベルの聴解、文字、読解、作文」のピア・ラーニングである。ラウンドテーブルの対話では、様々なピア・ラーニングの実践のアイデアや問題・課題、その問題・課題の解決方法などについて議論された。第2部最後のまとめでは、それぞれのグループで議論したことを全体に報告し、その後、さらに参加者全体で共有した。

2.2 インドネシア日本語教育学会ジャボデタベック支部の年次セミナーへ向けての勉強会

　2015年5月に開催された「ピア・ラーニングのワークショップ」の終了直後、同会場において、同年9月に予定されていた年次セミナーについての打ち合わせが行われた。この打ち合わせには、「ピア・ラーニングのワークショップ」に参加した日本語教師約40名のうちの約半数が参加した。ここでの話し合いから、9月開催予定の「インドネシア日本語教師学会ジャボデ

タベック支部年次セミナー」は「ピア・ラーニング」をテーマとすることに決定した。

　これ以後、2015 年 9 月の年次セミナー実施に向けて、筆者を中心に教師会メンバーによる「ピア・ラーニング勉強会」が約 4 か月の間に 4 回実施された。この勉強会にはジャボデタベック地区にある 10 の大学の日本語教師たち（16 名）が参加した。

勉強会参加教師の所属大学

1. Darma Persada 大学
2. JIA 外国語大学
3. LIA 外国語大学
4. Pakuan 大学
5. Nasional 大学
6. Jakarta Negeri 大学
7. Indonesia 大学
8. Al Azhar Indonesia 大学
9. Bina Nusantara 大学
10. Muhammadiayah Prof.DR.Hamka 大学

　この勉強会では、協働学習（ピア・ラーニング）とはどのような理念に基づくのかについて共に考え、話し合った。ここでの理解をもとに、それぞれが自分の授業で協働学習（ピア・ラーニング）の実践を試みることにした。そして、その後の勉強会では、どのような授業の中で、どのようなかたちで協働学習の授業を試みたのかについて報告し合い、情報を共有した。とくに、実際の授業の中でどんな問題が起きたのか、その問題をどのように解決し、どう乗り越えたのか、他にどのような方法が考えられるかなどについて議論した。この勉強会で議論した実践内容と課題については、9 月の年次セミナーでの「ラウンドテーブル」で提議することとした。

表 10.1 勉強会のスケジュールとトピック

No.	勉強会の日程	トピック
1	2015 年 5 月 9 日	協働学習の定義 ラウンドテーブルの実施方法
2	2015 年 6 月 6 日	協働学習の実践報告、問題点とその解決方法の共有
3	2015 年 6 月 20 日	協働学習の実践報告、問題点とその解決方法の共有
4	2015 年 8 月 15 日	協働学習の実践報告、問題点とその解決方法の共有

　2015 年 9 月の年次セミナーの中のラウンドテーブルでのディスカッションで議論された協働学習における課題および疑問点は次の通りである。

1. 評価の方法
2. ピアグループの作り方（日本語のレベル差への対応）
3. 活動中の母語または日本語使用のバランスについて
4. 教師の役割について
5. Collaborative と Cooperative の意味の違い
6. 活動時の学習者からの質問への対応方法
7. 授業の時間配分の問題（時間をオーバーしがち）
8. ラボ/ＬＬ室での活動の効率化
9. ワークシートの質問の作り方
10. フィードバックの方法

2.3　インドネシア日本語教育学会ジャボデタベック支部の年次セミナー

　「インドネシア日本語教育学会ジャボデタベック支部年次セミナー」は2015 年 9 月 19 日に開催され、ここに約 80 名のジャボデタベック地区の高等学校、大学、学習塾の日本語教師たちが参加した。また、マレーシア・クア

ラルンプール協働実践研究会の代表者と会員 2 名も参加した。この年次セミナーは 2 部構成で行われ、セミナーのテーマは「日本語教育のピア・ラーニング」であった。具体的な開催内容を協働実践研究会 HP に掲載した報告書から抜粋して示す。

1.	日程	2015 年 09 月 19 日（土）
2.	地域	インドネシア・ジャカルタ（アルアザール・インドネシア大学）
3.	担当者	講演：池田玲子（鳥取大学）・神村初美（首都大学東京） ワークショップ：池田玲子（鳥取大学）・神村初美（首都大学東京）
4.	形態	講演・ワークショップ
5.	主催	インドネシア日本語教育学会ジャボデタベック支部 国際交流基金ジャカルタ日本文化センター共催
6.	テーマ （タイトル）	インドネシア日本語教育学会ジャボデタベック支部第 15 回年次セミナー「日本語教育のピア・ラーニング授業デザインのために」
7.	内容の概要	◆講演（池田玲子）「日本語教育のピア・ラーニング－授業デザインのために－」 ◆ワークショップ（池田玲子・神村初美） 　自己紹介活動（シールで自己紹介） 　宿題と教室活動の関係語彙学習のための活動 　ピア・ラーニング授業体験①（素材：4 コママンガ） 　ピア・ラーニング授業体験②（素材：昔話） 　ピア・ラーニング活動デザイン体験（素材：新聞・雑誌の写真） ◆講演（神村初美）「ピア・ラーニングを聴解の授業に用いる―それぞれの理解深化を目指して―」
8.	参加者	79 名（大学の教師 65 名、塾の日本語講師 5 名、高校の日本語教師 8 名、その他 6 名）インドネシア人教師 90%、日本人教師 10%
9.	担当者の内省	全体について ・5 月に続いての計画だったので、メールを通じての方法だったにも関わらず、顔の見える対話で進めるこ

とができ、最終的には現地企画チームの計画案で実施することができました。
・会場に掲げられた大きな横断幕、案内学生、受付、資料、お茶と菓子に至るまで十分に準備、配慮された会場でした。
・冒頭で、アルアザール・インドネシア大学の学長が挨拶されたことでもこのセミナーのジャカルタでの位置づけが想像されました。
・5 月のワークショップ後の関係者会議の席で、ランドテーブルをこちらから提案しておきながら、その後は、私からはとくに具体案を出すことはできなかったのですが、当日の様子をみると、予想以上に工夫されたものとなっていたことに驚きました。
・ラウンドでの議題は、企画側がすでに参加者に提示済みで、どのテーブルに参加するのかが参加者には知らせてありました。また、各グループの発表の際のフレームも用意されていたので、初めてのランドテーブルへの参加であっても戸惑うことのない仕掛けが十分にできていたと感じました。

講演部分
・前回のワークショップにおいて、インドネシアの日本語教師たちのコミュニケーション参加度が高いことがわかっていたので、今回もなるべく活動を含んだかたちで講演を進めてみました。しかし、さすがにアイスブレイク抜きでは最初の入りが難しい様子が見られました。しかし、これが後半でのやり方を工夫する手がかりとなりました。

ワークショップ部分
・自己紹介活動から入り、いくつか学生体験をしてもらいました。どの活動についても、参加者の皆さんは学生になりきって参加しているかのように見えましたが、実は教師自身が楽しんでいるという様子でもありました。これをみて、この機会が教師たちの教室での実践の開始のきっかけとなることが期待されました。
・今回のワークショップの活動デザイン体験では、事前に準備した素材が、機器の状態により使用できない事態となり、急きょ新聞や雑誌に載っていた写真

		を素材として使う場面がありました。その際は、直前の予定変更であったため、進行上、多少バタバタとしたのですが、参加者の皆さんが、すぐに積極的に活動に参加してくださり、会話も活発に行われ、かつ和気あいあいとした雰囲気で取り組んでくださいました。例えば「大人ってなに？」という問いかけに対し、「時計」の写真を選び、「大人は時間からストレスを感じる」、「登山をしている人」の写真から、「苦しいことを乗り越え、それでもまだ登り続けるのが大人」など、いろいろな解釈や、インスピレーションが次々と飛び出し、結果、私たちが想像できないようなすてきな物語の活動に変身していって、感激しました。教師自身がこのように活発で柔軟な発想をお持ちのインドネシアは、ピア・ラーニングに対するもともとの素地があり、改めてピア・ラーニングのこれからの可能性を秘めているお国だと思いました。 ・あえていえば、大きめのテーブルで、活動の素材となるものをグループ内で共有しながら議論を進められる環境であれば、より一層活発な議論ができたのではないかと思いました。 ・全体として、予想以上に参加度の高いワークショップだったと思いました。
10.	次回への 課題	・今回、会場に用意していただいたＰＣでＰＤＦがうまく反映されない（白紙の状態で映る）、マウスが機能しないなどのアクシデントがありました。日本と海外では機器の状況や会場の設備も異なるので、お国事情にうまく対応するためにも、事前に確認するなどの時間的余裕が必要だと改めて感じました。 ・グループ分けの方法を提示する意味で、くじ引きなどを紹介しましたが、今回のように現地の事情に通じたスタッフによって編成をしてもらったほうが、活動がスムースに進むと感じました。しかし、どこでも可能な依頼ではないかもしれません。 ・会場については、事前に何度も情報提供があったものの、想像以上の空間で驚きました。ただ、事前のやり取りで机の種類などある程度はイメージできたので、用意する資料の形も準備することができました。今後、事前の会場チェックがあるといいと思います。

会場の様子

①用意された横断幕

②アルアザール・インドネシア大学学長
　のご挨拶

③セミナーの様子＜真剣に聴き、話し合う参加者の皆さん＞

④全体集合写真

2.4　年次セミナー終了後の第 5 回勉強会

　9 月の年次セミナー終了直後、講師の池田玲子氏と神村初美氏、マレーシア協働実践研究会代表の木村かおり氏の 3 名をスピーカーとして、ジャカルタ協働実践研究会の第 5 回勉強会を開催した。ここでは、今後のインドネシア協働実践研究会の発展的な継続に向けて、木村氏よりマレーシア・クアラルンプール支部の研究会設立の経緯と現在までの活動についての報告があった。これを機に、共に東南アジアに位置し、共通点の多いマレーシアにおける支部設立の経緯と現在までの活動を参考に、インドネシアでの日本語教育の改革の取り組みについての議論がなされた。この会には、年次セミナーに参加した教師たち約 30 名が参加した。参加者からは、実践上の困難点や不安、疑問が多く出され、活発な参加者同士の意見交換が行われた。

2.5　2016 年日本語教育国際研究大会（ICJLE）

　インドネシア・バリで開催された「2016 年日本語教育国際研究大会」において、筆者は「アジアの協働学習の実践研究を支えるプラットホームの構築」というパネル発表のパネリストの一人として、協働実践研究会インドネシア・ジャカルタ支部の活動について報告を行った。その際、インドネシアで協働学習（ピア・ラーニング）を実施するにあたり、どのような意義があり、現在どのような課題があるのか、また、研究会活動をどう展開していくかについて述べた。具体的には、以下である。

・インドネシアにおける協働実践研究会活動の意義と課題
・インドネシア日本語教師間で交流を深めるための工夫（定期的な勉強会の開催）
・インタビュー調査の結果報告

　2015 年 9 月年次セミナーの際に、参加した日本語教師（8 名）に行ったインタビュー調査（以下、「2015 年 9 月年次セミナーインタビュー」）の結果についても報告した。

「2015 年 9 月年次セミナーインタビュー」では次のような回答が得られた。

・勉強会や年次セミナーに参加することによって、授業のヒントを得た。
・話し合いによって新しい実践のアイデアが出てきた。
・日本語の授業だけでなく、他の授業（日本文学、翻訳など）にも協働学習をいかすようになった。
・今まで、何らかの形でピア・ラーニングをしていたが、それはピア・ラーニングだったと気づいていなかったことが分かった。
・他の日本語教師の実践を聞いて、今までやってきたことはまさにピア・ラーニングだということが分かり、ピア・ラーニングへの理解が深まり、ピア・ラーニングの実践について自信を持つようになった。
・対話を通じて、自分の実践を振り返ることができた。

　「2015 年 9 月年次セミナーでのインタビュー」の結果から、ピア・ラーニングをテーマとした勉強会や年次セミナーは、そこに参加した教師の教育実践の改善に寄与するものであり、実際に協働学習を継続的に実践している事実があることも分かった。また、教師たちは、勉強会への参加と 2015 年の年次セミナーのラウンドテーブルでの対話を通じて、自分自身の協働学習の実践を内省する機会として捉えていたことも分かった。
　勉強会や年次セミナーが教師たちの実践の改善を促進する可能性に繋がることが明らかになったことによって、協働実践研究会活動の意義が明確になり、今後の教育実践への意欲を高めることができた。
　一方で、協働学習研究会への参加については、次のような問題点も浮かび上がった。

・仕事の時間と開催時間が合わない
・自分の専攻は日本語教育ではないので、ピア・ラーニングについて研究することに興味がない
・協働学習を実践に取り上げたいが、研究はしたくない。それよりも自分の

専攻に関わる研究をしたい

・日本語の文献は字が小さくて、読みにくい

・勉強会の時、私は聞くだけでもいい

・日本語文献を読むのは難しい

以上を総括すると、インドネシア、ジャボデタベック地区における協働実践研究会の活動における課題は、①時間の問題、②教師の専攻の違い、③日本語の文献を読むことへの抵抗であることが分かった。

これらの課題を 2016 年の日本語教育国際研究大会のパネル発表において提示したところ、会場からの意見として、教師の興味関心を高める方法として、「フェイスブックなどの SNS を利用し、勉強会の結果や参考文献のまとめなどを共有するためにアップロードする」という提案を得た。筆者ら研究会メンバーは、早速このアイデアを試みた。しかし、インドネシアでは、最近フェイスブックに抵抗がある人が非常に増えており、SNS の利用についてはやむを得ず中止することになってしまった。また、最初は無理のないよう、小規模の活動でも継続していくべきとの提案もあったので、その後は、連絡が取れる範囲内のメンバー間での学び合いを継続することとした。

2.6　2016 年日本語教育国際研究大会（ICJLE）後の支部活動

2016 年日本語教育国際研究大会 （ICJLE）での発表へのフィードバックを得てから、インドネシア、特にジャボデタベック地区における協働実践研究会の活動は、小さい規模から始めることにした。ごく小さいグループ（2 名）からのスタートであったが、2016 年には、実際に開催される日本語教育関連の学会や研究会での発表という具体的な目標を立て、そこへ向けての勉強会を実施することにした。勉強会はその後、5 回行い、主に協働学習の実践の具体的な方法、授業の進め方、実施した際の学生の反応についてなど、実践を共有し合った。

さらに、ファイスブックは中止したが、WhatsApp という SNS でオンライングループを作り直し、協働学習に関する情報や参考文献を共有した。

167

WhatsApp グループのメンバーはインドネシア日本語教師学会ジャボデタ
ベック支部年次セミナーに参加した日本語教師たちである。

3　今後の課題と展望

　2016 年日本語教育国際研究大会 （ICJLE）後もジャボデタベック地区研究
会の活動は小規模ながらも、現在も活動を継続している。WhatsApp で共有
した情報や参考文献に興味を示す教師が何人かいたが、それぞれの勤務時間
の調整の問題で、研究会として規模を拡大した対面型での活動は困難な状況
にある。

　今後は筆者ら代表メンバーからの情報発信だけでなく、実践の結果を共有
する場の企画をしていく必要があると考える。教師たちが実践のプロセスや
結果といった協働学習（ピア・ラーニング）の実態を共有することで、自分
の教室と他の教室との違いや共通点が明確になり、自分の実践を客観的に分
析することにつながると考えるからである。また、自身の授業における分析
の視点や改善の姿勢が保てた段階にあるときにこそ、こうした他の教師たち
との議論の場の意義に関心を向けるようになると期待している。今後、ジャ
カルタ支部では、協働学習（ピア・ラーニング）の実践について議論し合う
場の企画を検討していく予定である。

付記：本報告をまとめるにあたり、2015 年度インドネシア日本語教師セミナーの講師を担当
　　してくださった神村初美氏のご協力を得ました。

第 11 章

海外の日本語教育現場における教師たちの学び[1]
—対話型教師研修における「ティーチング・ポートフォリオ」の可能性—

金孝卿・トンプソン美恵子・羅曉勤・張瑜珊

1　研究の背景と目的

　知識基盤社会化・グローバル化が進む中、社会の変化に対応するために、個の創造性に加え、人々と協働して問題解決できる社会的能力の育成が教育の場に求められている（池田 2015）。創造性や協働力は教師にも不可欠であり、変化する状況に対応しながら教師個々人が実践を改善していくためには、継続的学びの場を形成することが必要となる。

　舘岡（2016:79）は、継続的学びの場となる「学び合いコミュニティ」の生成を目指し、「対話型教師研修（以下、対話型研修）」を提案した。「対話型研修」とは、講師から知識や技能を学ぶのではなく、参加者間で対話を重ねて協働で問題解決し、その内省を対話でさらに共有し、そのプロセスで意味を生成していく研修である。

　筆者らは、これまで協働実践研究会[2]のメンバーとして日本国内外の地域で協働の考えに基づく日本語教育の実践研究と研究のためのネットワーク作りを進めてきた。本稿で取り上げる「対話型研修」の実践は、日本と台湾で活動しているメンバーの協働によって、これまでの活動の成果と課題を踏まえ、対話型研修のための具体的な活動の方法を探ったものである。

　対話型研修についての成果と課題については、羅ら（2016）が台湾協働実践研究会の活動報告で言及している。その成果は、協働学習に関する文献購

読を中心に対話し、各自の実践と照らし合わせながら、悩みや失敗談を共有し、質問を受けながら教師自身の教育活動を省察できたことだという。一方、協働学習の理念を共有する参加者同士の対話では話題は広がるが、個々人が発した言葉を精緻化し深めていくことが難しいことが課題として挙げられた。また、ピア・ラーニング（教室での協働学習）を体験したことのない教師や研究者に対し、協働学習の成果を示すのが難しいといった点も挙げられた。

　羅らの報告から、次の2点が示唆される。まず、対話によって実践への省察が可能となり、そのことが研究会の持続に貢献している。舘岡（同上）も、対話型研修の特徴として「実践を共有する」「対話による対等な参加」を挙げ、両者が学び合いの共同体と学びの生成を同時に可能にしているとしている。次に、対話によって実践を共有する際、悩みや失敗の共有に留まらず、どのように問題解決・改善に向かうことができるか、なぜそれが必要かといったより深い水準の内省に至ることが重要である。

　本研究では、対話型研修において、対話によって実践に対する深い水準の内省を促し、より良い実践のために必要な観点の発見につなげることを目指し、「ティーチング・ポートフォリオ（以下、TP）」を組み込んだ内省活動をデザインした。TPは体系的に教育活動の内省を促すものとされる（詳細は2.2）。本稿では、対話型研修における内省の観点に焦点を当て、TP作成を組み込んだ内省活動の可能性を追究することを目的とする。

2　先行研究
2.1　教員による内省・省察・リフレクション[3]

　Boudら（1985）は、成人や専門家の経験学習における内省のプロセスを、「①体験への再帰」「②自身の感情面への注目」「③体験の再評価」の三つの段階があるとしている。①と②は、体験を意図的に振り返ることによって得られる気づき（ideaやfeeling）であり、体験の中で起きた重要な出来事や感情的体験を再生するという段階である。そして、「③体験の再評価」に移行することで新たな意味形成の実現につながりやすいという。「③体験の再評価」は、さらに「関連づけ（association）」、「統合（integration）」、「価

170

値づけ（validation）」、「内化（appropriation）」の四つの要素があり、体験を自身の現実や学びの目的に応じてもう一度考察する最も重要なステージであるとしている。

　教師による内省の概念は、1980 年代にショーン（Donald A. Schön）が新しい教師＝専門家像として「反省的実践家（reflective practitioner）」を提起したことによる。吉永（2017）は、秋田（1996）の「省察」概念の分類整理を引用し、ショーンの「省察」の概念にはなかったものとして「批判的省察（何のために、誰のために）」を挙げた。この「批判的省察」は、教師による省察の特徴であり、極めて規範的・道徳的価値に基づく行為であるという。その上、教師としての発達モデルにおける「省察」の概念は、「技術的省察（how／いかにできたか）」→「実践的省察（why／なぜこの方法か）」→「批判的省察（何のために、誰のために）」へと深化し、問いの質が変容するものとしている。

　以上を踏まえれば、教師による内省は、より良い実践のために行うといった明確な目的を持ち、実践のあらゆる側面に目を向けると同時に、教師自身の価値観にも照らしながら評価を行う認知的・情意的な行為であると言える。言い換えれば、教師による内省は、個人の中に閉じたものではなく、自身の教授行為との対話であり、同時に実践にかかわる人々との対話、実践を取り巻く社会との対話でもあるといった重層的で社会的な性格を持つものである。

2.2　内省ツール「ティーチング・ポートフォリオ（TP）」

　内省を対話によって促進していくためのツールに TP がある。TP とは教育活動の内省とその記述、それを裏づけるエビデンスを付した記録で、教育の質向上を目的として、授業改善、学内外の教育評価、教員間の共有財産に用いられる（土持ゲーリー　2007）。TP は、1）責任：教育活動の範囲、2）理念：育てたい学生像、理想の教育、3）方針・方法：理念を実現するための方法、4）成果・評価：結果、学修成果、5）目標：理念の実現に向けた短期的・長期的目標で構成され、A4 用紙 8-10 枚程度で記述する。ここで重要なのは TP が単なる授業の記録ではなく、実践に対する内省を含み、内省が各教師の教

171

育哲学(Teaching Philosophy)に基づいていることである（土持ゲーリー 同上）。教師はTP作成の過程で、理念が実践の中でどのように具現化されているのかを軸に内省していく。この過程で内省を促進する鍵となるのが、執筆者本人（メンティー）と支援者（メンター）の対話である。TP作成経験のあるメンターが、TP草稿に基づいてメンティーにフィードバックし、メンティーはその相互作用の中で内省を言語化し、さらに深めていく。

　より簡潔に理念と実践の内省を促すのが、TPチャートとティーチング・ステートメント（TS）である。TPチャートは実践を理念と照らし合わせて内省し、付せんのキーワードで整理するA3用紙のチャート（大学評価・学位授与機構 2014）である。個人の教育活動を俯瞰し、視覚的に可視化および構造化できることがその特徴であろう。TS は理念と実践に関する内省をA4用紙1-2枚にまとめたもので、TPチャートで可視化した内省を簡潔な文章にしたもの、かつTPにおける重要な要素を凝縮させたものと言える。また、栗田・吉田（2017）の実践にあるように、TPチャートとTSでは、メンターに加え、メンティー間の対話による内省の促進が重視される。

　以上を踏まえ、本稿で取り上げる対話型研修に関連付けて言えば、TPチャートやTS は教師が深い水準の内省をするための一定の枠組みを与え、これらの枠組みを媒介とした対話が、内省の観点を拡大・深化させることを可能にすることが期待される。

3　対話型研修におけるTP作成の実践
3.1　対話型研修における内省活動のデザイン

　本研究では、TPの枠組みを共有しながら対話によって実践に対する内省を深められるように内省活動をデザインした（図 11.1）。具体的には、「TPチャート」と「TS」の作成と共有を組み合わせたものである。まず、「TPチャート」を用いて、教育活動、理念、方法、評価、目標に至る全体像を可視化しながら共有する。次に、それを踏まえ、各自TS を作成し各項目について参加者がピアで対話を重ねながら内省を深める。また、参加者同士での共有を踏まえ、メンターとのセッションを行う。

　さらに、本研究では、上記の内省活動を俯瞰的に振り返ることができるように、「KWL チャート」[4]をも用いた。「KWL チャート」は、研修のテーマ（教師の教育活動のふりかえり）について、「知っていること（What I know）」、「知りたいこと（What I want to know）」、「学んだこと（What I learned）」を時系列に書き込むものである。

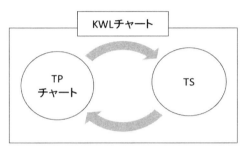

図 11.1 本研究の対話型研修における内省活動

3.2　3 日間の研修内容

　3 日間にわたる研修の内容は次の表 11.1 の通りである。

表 11.1　研修の内容（★印はピアまたはメンターとの対話を指す）

		研修内	研修外
1日目 【夕方】		① 研修の目的と目標、教師による内省とは ② KWLチャート記入	
2日目 【午前】 【午後】		③ 「TPチャート」の作成と共有（共有1〜4）★ ④ KWLチャート記入 ⑤ 「TS」の［第一稿］執筆 ⑥ ピア・レビュー（互いのTSを共有）★ ⑦ ⑥に基づくメンターとのセッション★	メール提出［第一稿］ メンターによるフィードバック［第二稿］

	⑧ 「TS」の［第二稿］執筆 ⑨ ①～⑧をふりかえり全体共有 ⑩ KWLチャート記入	
3日目 【午前】	⑪ 「TS」の［第三稿］執筆 ⑫ 「TS」の発表とディスカッション ⑬ KWLチャート記入・全体をふりかえり全体共有	［第三稿］の提出 ⑭ 終了アンケート

　対話による内省は、③「TP チャート」の作成と共有、⑥TS（第一稿）のピア・レビュー、⑦メンターとのセッションで、③⑥は参加者 2 名で、⑦は参加者 2 名（一組）とメンター1 名を入れて 3 名で行われた。その他、⑫「TS」の発表とディスカッション、⑨⑬のふりかえりで、全体での共有が行われた。

　③は、担当講師が TP チャートの項目ごとに作成し共有できるよう進行した。⑥では、ピアで互いの TS を読んだ後、書き手は自分の TS を口頭で説明し、読み手は確認したいこと、TP チャートの共有（③）との関連で気づいたことなどを話してもらった（1 人 15 分間）。その後、⑦メンターとのセッション（一組 30 分）では、TS 作成やピア・レビューを通して、TS を書き進める上で迷っている点、疑問に感じている点、アドバイスがほしい点などについて話してもらった。メンターは、新しい読み手としての視点から、各自の TS の構成に従って、項目間の整合性や概念の明確化を求めながら話を進めた。

3.3　参加者

　研修の参加者は、台湾協働実践研究会のメンバー6 名と台湾の日本語教育機関で教える 2 名の計 8 名である。全員日本語教育を専門としているが、同研究会のメンバーは全員大学教育機関で教えており、そのうち、3 名は TP チャートまたは TS の作成を体験している。メンターは、今回の担当講師である 2 名が本格版の TP 作成の経験を有する者という立場から務めた。

4　分析の対象と観点

4.1　分析の対象

　本研究では、上記一連の活動の中でも特に、対話による内省を可能にする場の一つとして、③「TP チャート」の作成と共有、⑥ピア・レビュー、⑦メンターとのセッションを主な分析対象とする。③⑥⑦の活動において、「TP チャート」の枠組みに沿って対話する中で、参加者はどのような観点から内省し、それを深めていたかを記述する。その際、それぞれの前段階の活動で取り上げられた話題や観点との関係をも分析の対象とする。TS（第一稿～第三稿）、TS の発表とディスカッション、全体でのふりかえりと KWLチャート、終了アンケートは、上記の分析を裏付けるための補助データとする。

4.2　分析の方法

　まず、③「TP チャート」の各項目について共有している対話の文字化資料のうち、何に言及しているかという点から言及の内容を整理した。次に、対話の中で何らかの形で触発されたと考えられる部分（内省の観点）を抽出した。そして、それぞれの内省の観点が⑥と⑦においても取り上げられるか、その場合、内省の拡大や深化はあるかという点からも分析する。以下 5 章では、TP 作成初参加の大学教育関係者で、筆者らとピアになっていない 2 名（参加者 A、参加者 B）を事例として分析の結果を述べる。

5　分析の結果と考察

5.1　参加者 A

　以下、表 11.2 は参加者 A が③「TP チャート」のピアとの共有において自分の記述内容を説明したり、それに関連して自ら言及したりした内容である。TP チャートの項目に沿って（共有 1）～（共有 4）に分けて示す。引き続き、表 11.3 に対話の中で触発された内省を示す。

表 11.2　参加者 A の TP チャートの共有における言及内容

（③「TP チャート作成と共有」）

	TPチャートの項目	各項目についての主な言及内容
共有1	教育活動（責任の範囲）・改善や努力	・教育活動の例（省略） ・改善や努力：研修会への参加、学生からのフィードバック、授業の公開や同僚との相談、卒業生との継続的な交流
共有2	理念・方針・方法	・理念：他者と平和共存ができ、自己成長できる人間を育てる。 ・方針：自律学習を通して自己成長ができるようする。自ら考えて他者と交流する。 ・方法：事前学習や復習ができるようリソース化。ペアワークや討論などでアクティブラーニングを実現。Can-doを取り入れた目標の明示化。自己・他者評価・ふりかえりの実施。
共有3	成果（エビデンス探し）	・授業の録画、写真、シャドーイングの学生の録音 ・他者評価のシート
共有4	目標・感想	・長期目標：教師から見ても、学生自ら考えても成長が実感できるようにしたい。 ・上記の目標を実現したいが、果たして今の方法とつながっているか。成長の過程を可視化できるか。自分でやっていることが本当に学生の役に立っているか不安。データをもとに実践研究の質を高めていきたい。現在は反省シートやポートフォリオなどに偏っている。授業の課題なども含めてシンプルに効率よくできる方法を探したい。

表 11.3　ピアとの対話の中で触発された参加者 A の内省

（③「TP チャート作成と共有」）

	内省の内容	内省の観点
共有1・2（教育活動・理念・方法）	Can-doを用いて自分ができると実感したら続けていける。それが最終的に自己成長になると思っている。	理念と方法、成果の整合性に言及する

共有3 （成果）	アクティブラーニングやCan-doによる目標の意識化をしているが、学習のプロセスをどう証拠として得られるか。学習者の内面の変化はどのようにわかるか。学生に負荷をかけずに一言コメントを貯めて最終的にプロセスが見られるようにできないか。	
共有4 （目標・感想）	内省やふりかえりを学生にさせているが、自分ではやっていない。今筋トレ気分を味わっている。学生も先生も自ら考えるという力をお互いに継続的に鍛える必要があると実感した。	自分の実践上の課題への解決策を見出す

　参加者 A は、主に、「理念と方法、成果の整合性」、「自分の実践上の課題と解決策」について取り上げている。前者は、TP の枠組みの中で「理念と方法を関連付けて説明する」「成果や評価を示すためのエビデンスを探す」という問いに触発されたものである。後者は、方法が理念を実現するために妥当かについての言及であり、これはピアの相手の内省から見出されたものである。

　では、TP チャートの共有（③）と TS の作成後の共有（⑥）を踏まえ、⑦メンターとのセッションでは、それまで表れた内省の観点がさらに深まるのだろうか。参加者 A は、表 3 の共有 4 で取り上げていた「自分の実践上の課題と解決策」について再度言及していた。

【メンターとのセッションにおける参加者 A の発言】
・「効率」という言葉を使っているが、迷っている。あまりたくさんの課題を与えても学生は大変だが、それが理念につながるかというのはもやもやしている。
・（内省活動について）学生が考える「厳しさ」がよくわからなかった。教師としては一生懸命やっているが、その厳しさを今日体感した。疲れるがやらなければならない、考えることは大変という気持ちが入っているのかもしれないと思った。

　この言及は、メンターから、「学生の内省活動において効率を追求するこ

と」と「理念の自己成長」とのつながりについて質問を受けたことによる。学生にポートフォリオを課すことは彼らの自己成長の過程を分析するためであり学生にとっても必要なことだが、自らの学習を振り返ることは「考える」行為を伴うという意味で認知的負荷のかかる活動であることを改めて認識している様子が窺える。

5.2 参加者 B

次に、表 11.4 に参加者 B が③「TP チャート」のピアとの共有において自分の記述内容を説明したり、それに関連して自ら言及したりした内容を、表 11.5 には対話の中で触発された内省を示す。

表 11.4　参加者 B の TP チャートの共有における言及内容
（③「TP チャート」作成と共有）

	TPチャートの項目	各項目についての主な言及内容
共有1	教育活動（責任の範囲）・改善や努力	・教育活動の例（省略） ・改善や努力：中等教育関係の研修会への参加。
共有2	理念・方針・方法	・理念：日本語を学びながら学ぶことの面白さを意識させる。 ・方法：教室学習の時間をうまく利用する。グループワークなどで一緒に勉強することも面白さを感じさせる。学習の仕方を体験させることが大切。会話の授業でルーブリックを使って、学生自ら体験して身につけていけるようにして学習への意識を高める。
共有3	成果（エビデンス探し）	・活動のワークシートなど
共有4	目標・感想	・短期目標：実践をどんな形でまとめようかを考えている。 ・長期目標：今自分なりにアレンジしている授業がうまくいったらテキストにしてもいい

		と思っている。学生がテキストをステップ通りにやって、その中で自分の学習履歴がわかり、勉強の仕方も体験でき、ふりかえられるようなもの。各段階でルーブリックがあり自分の成長が見えるようなテキストができたらいい。

表 11.5　ピアとの対話の中で触発された参加者 B の内省
（③「TP チャート」作成と共有）

	対話の中で触発された内省	内省の観点
共有1・2（教育活動・理念・方法）	同じ科目を続けていることでストレスが溜まって仕事の義務がわからなくなることがある。学生のためにやっていると言いながら、実は学生本人には聞いていない。自分が本当に正しいことをやっているかどうか疑ったりしていた。このことは理念には書いていないが、教師自身が面白いと思ってやることが大切だ。昔は勇気がなくてできなかったが、今は教科書の進度を無視してやっている。同じ科目名だが中身ややり方は全く違う。私の半年の変化の中で最も大きい。	理念と方法に関する葛藤と教師としての意識の変容を意味づける
共有3（成果）	学生の参加度が高くなった授業が一つの成果のエビデンス。ただ、それをどう証明すればいいか。実践研究するとしても、そこをどう証明すればよいか分からない。	成果・評価を示すエビデンスの妥当性について意見を求める
共有4（目標）	自分の実践をまとめようとしたとき、学生の方の視点をどのようにまとめたらいいか分からない。	目標を達成する方法について意見を求める

　参加者 B は、共有 1・2（表 11.5）で、「教師が楽しめる授業の大切さ」について語っていた。それまで決められた教科書を繰り返し教える中で、「なぜそれをやっているか（理念）」とのつながりが見えず困った状況にいたが、「日本語を学びながら学ぶことの面白さを意識できる（人を育てる）」とい

う理念が見えてくるまでの経験を振り返り、自身の意識の変容を意味づけている様子が窺える。教師の意識が変わったことで、グループワークやルーブリックを取り入れることが実践でき、その結果、学生の参加度が改善されたことが推察される。

　共有3・4（表11.5）では、学習者の内的変化を探るための方法についてピアの相手に意見を求めていた。この学習成果を示すエビデンスについての観点は、同じ表の共有4にある「教育の成果を客観的に示す」とする観点と結びついている。実践を研究にするという観点は、その後の⑦メンターとのセッションにおいても再度取り上げられていた。

　以上、参加者2名を事例に、対話型研修における教師の内省のプロセスの一端を明らかにした。最後に、KWLチャートの記述内容（何を学んだか）を示しておく（表11.6）。ここから、対話の中で拡大・深化した内省の観点は、研修全体を通して価値づけられていることが窺えた。

表11.6　参加者AとBによるKWLチャートの記述内容

参加者	KWLチャートの記述内容
参加者A	・理念と方法のつながりを常に考えながら教育活動を行ったほうがいい。 ・自分がやっていることをいかに文章化するか ・TP作成の苦しさを乗り越えてその良さを実感する。 ・ふりかえりは教師自身の成長につながり、授業改善につながる。 ・理念と方法のつながりでもやもやとすっきりの繰り返しだがそれによって明らかになるものがある。 ・TPの大切さと良さを実体験できた。 ・つながり、他者との協働、学習者主体などのキーワード
参加者B	・自分がデザインしている活動のうらに教育理念がある。理念―行動―成果のつながりは日頃の内省やふりかえりによってはっきり見えてくる。 ・また、その「理念―行動―成果」の流れで、教育活動を確認・点検する。 ・自分の知識や実践内容を他者に発表する（シェアする）ことによって整理することができる。

6　おわりに

　本稿では、TP 作成を組み込んだ対話型研修において、内省の観点に焦点を当てて分析を試みた。その結果、「理念と方法の整合性」、「成果とエビデンスの妥当性」、「実践研究へのつながり」といった観点が見えてきた。本研究における TP の枠組みを媒介にした対話型研修では、重層的で立体的な教師の内省を 2 次元に可視化し、実践の様々な側面を共有しながら対話を重ねることによって、自分の実践における課題に気づき、その解決につながる手がかりを見出すことができたのではないか。よって、このプロセスが教師の内省をより深い水準にまで働かせるのに貢献していると考えられる。

注

1.　本稿は、「2017 年度日本語文国際学術シンポジウム（台湾輔仁大學）」で発表した内容に修正を加えたものである。
2.　協働実践研究会の詳細は、http://kyodo-jissen-kenkyukai.com/　を参照されたい。
3.　成人学習者の学びにおける Reflection の用語は、「内省」、「省察」、「リレクション」とも訳され、単なる「振り返り」や「反省」と区別される。本稿では、引用文献に従いつつ、文脈によって使い分けることとする。
4.　Donna M.Ogle (1986) によるリーディング指導法のアイディアを「対話型研修」に援用したものである。

参考文献

秋田喜代美(1996)「教師教育における『省察』概念の展開—反省的実践家を育てる教師教育をめぐって」森田尚人ほか編『教育学年報5　教育と市場』pp.45－57、世織書房.

池田玲子（2015）「協働実践研究のための海外プラットホーム構築—アジアでの活動に向けて」『言語文化と日本語教育』50 号、お茶の水女子大学日本言語文化学研究会、pp.38-50.

栗田佳代子・吉田塁(2017)「教育実践のふり返りを記述する方法ティーチング・ポートフォリオ作成ワークショップ」日本語教育学会教師研修（2017 年 1 月 22 日）PPT 資料.

舘岡洋子（2016）「「対話型教師研修」の可能性—「教師研修」から「学び合いコミュニティ」へ」『早稲田日本語教育学』第 21 号、pp.77-86.

大学評価・学位授与機構（2014）『ティーチング・ポートフォリオの定着・普及に向けた取り組み-効果検証・質保証・広がり-』調査研究報告書.

土持ゲーリー法一(2007)『ティーチング・ポートフォリオ　授業改善の秘訣』東信堂.

吉永紀子（2017）「授業研究と教師としての発達―観を編み直す学びに向けて」田中耕治編著『戦後日本教育方法論史（上）―カリキュラムと授業をめぐる理論的系譜』第11章、ミネルヴァ書房、pp.247-266.

羅曉勤・張瑜珊・荒井智子（2016）「協働実践研究会台湾支部における『教師の協働』」『第 10 回協働実践研究会予稿集』pp.32-35.

David Boud, Rosemary Keogh and David Walker (1987) *Reflection: Turning experience into learning.* London: Kogan Page.

Donna M.Ogle (1986)：K-W-L:A teaching model that develops active reading of expository text. *The reading Teacher*, Vol.39, No.6, pp.564-570.

第 12 章

台湾日本語教師の協働学習に対する期待と不安
－台湾の日本語教育における協働学習の発展を目指して－

トンプソン美恵子・房賢嬉・小浦方理恵・
荒井智子・張瑜珊・羅曉勤・池田玲子

1　はじめに

　台湾の日本語教育における協働学習への関心は、本研究の共同研究者の一人である池田と舘岡洋子氏が 2007 年に台湾で実施した教師研修「ピア・ラーニング：協働による創造的な学びの場をデザインする」に端を発す（荒井・羅・張 2015；羅・張・荒井・陳 2019）。その後、今日まで協働実践研究会台湾支部（以下、台湾支部）を中心に実践・研究が展開されてきた。

　台湾支部は数年の間に大きな変遷を辿っている[1]。台湾支部は 2010 年 10 月に設立され、6〜12 名の日本語教師によって文献講読や講演会など、勉強会を主軸とした活動が展開された（表 12.1）。しかし、コアメンバーの辞任、活動のための会場確保の困難、教員評価制度の導入による教師の多忙、などの理由から 2011 年 5 月に活動が休止された。

表 12.1　台湾支部の主な活動内容（羅 2013、荒井・羅・張 2015）

実施日	活動内容
2010.10	文献講読：池田玲子・舘岡洋子著
2010.12	『ピア・ラーニング入門　創造的な学びのデザインのために』
2010.12	特別講演：池田玲子 テーマ：ピア・ラーニング研究の現状ならびに実践例の紹介
2011.03	文献講読：Jun Liu Jette G. Hansen. 2002. Peer Response in
2011.05	Second Language Writing Classrooms.

2013 年 11 月、東京海洋大学で開催された第 6 回協働実践研究会『日本語教育における協働学習実践研究シンポジウム』に、台湾で協働学習を実践・研究する教員 3 名（共同研究者である荒井、張、羅）が招聘され、彼らの間にネットワークが形成された。このことがきっかけとなり、2013 年 12 月に新メンバーによって台湾支部の活動が再開された。以来、講読を中心とした勉強会が定期的に行なわれている。

　荒井・羅・張（2015）によれば、台湾社会において求められる人材の特質として、「他者と協働できる」「コミュニケーション力がある」「チームワーク力がある」「自分の意見を表現できる」「傾聴できる」「思考力がある」「創造性がある」など、協働する上で必要とされる力が挙げられるという。グローバル時代においては、多様な他者との協働は不可欠であるのだから、日本語の習得に加え、日本語を媒介として他者と協働していく力を養うことで、日本語教育は高度人材育成の場に発展させることができるだろう。

　このように、台湾における協働学習の発展が期待される一方、課題も指摘されている。カリキュラムや評価システム、同僚の理解、進度などの実施環境の制限がその一つである（荒井ら 2015）。また、学習者間の協働を促すための教室における教師の役割が明確でないという指摘もある（楊 2013）。

　これらの課題は、韓国の日本語教育における協働学習実践でも挙げられている。トンプソン・房・小浦方・池田（2014）は、協働学習に関する教師研修に参加した韓国の日本語教師を対象として、彼らの協働学習に対する期待と不安を調査した。その結果、「楽しい雰囲気」「連帯感」「関係性構築のためのスキル」など、社会的関係性の構築が期待されている一方、「決められたカリキュラム」と「評価（相対評価制度）」の中で協働学習を実現することに葛藤を感じ、「協働への不信感」や、「教師の役割」に対する不安、「言語能力伸長効果に対する疑心」があることが示された。

　2007 年以降、台湾の日本語教育における協働学習への関心は高いと言っていいだろう。しかし、台湾における協働学習の実践・研究は緒についたばかりである。台湾で実践・研究に従事する日本語教師は、協働学習に対しどのような認識を持っているのか。荒井・羅・張（2015）や楊（2013）が指摘

している課題はどのように捉えられているのか。日本語教師たちの協働学習に対する期待と不安を明らかにすることで、今後台湾支部が日本語教師に提供すべき教師研修や勉強会が見えてくるのではないだろうか。

2　研究目的

そこで本研究では、台湾の日本語教師による協働学習に対する期待と不安を明らかにすることで、台湾支部の今後の活動に対する示唆を得ることを目的とする。

3　研究方法

本研究のフィールドは、2014 年台湾にて共同研究者であるトンプソン、房、池田が実施したワークショップ「協働の理念と実践及び協働学習を取り入れた日本語教育実践交流会」[2]（参加者 26 名）である。

ワークショップの活動の一環として、協働学習に対する期待を赤い付箋に、不安を青い付箋に、それぞれキーワードなどのかたちかたちで可能な限り挙げてもらった。分析データは、付箋に挙げられた協働学習に対する期待と不安を示すキーワードや文である。

分析方法は、KJ 法（川喜田 1986）を援用した。KJ 法では、1)ラベルづくり、2)グループ編成、3)図解化、4)叙述化の順に分析を進めるが、本研究では参加者による付箋への書き込みをステップ 1 とみなし、ステップ 2 以降の分析を共同研究者のうちの日本チームで行なった。ステップ 3（後述の図 12.1）の時点で、トライアンギュレーションとしてワークショップにおける参加者側、かつ今回のデータ提供者である台湾チームと検討し、概念図の精緻化を図った。

4　結果

以下、KJ 法のステップに沿い、まずステップ 2 のグループ編成として、台湾の日本語教師による協働学習に対する期待（表 12.2）と不安（表 12.3）を示す。次に、ステップ 3 の図解化とステップ 4 の叙述化として、台湾の日

本語教師による協働学習の期待と不安の概念図（図 12.1）を説明していく。

4.1　協働学習に対する期待

　表 12.2 に台湾の日本語教師の協働学習に対する期待を示す。韓国同様、「楽しい雰囲気」「活発な教室」「社会的関係性の構築」「心理的負担の軽減」など、学習者の情意面に働きかける要素が多かった。

　他方、「言語能力伸長効果」「メタ認知の促進」「問題解決能力の醸成」「思考の深化」など、協働学習が言語力や認知力の育成にも寄与すると認識されていることがわかった。トンプソン・房・小浦方・池田（2014）が調査した韓国の日本語教師は、これらの能力、とりわけ言語力の育成に関しては認識していなかった。また、協働学習への期待として「自律的な学習管理」が挙げられたことも韓国の日本語教師との大きな相違点である。

表 12.2　協働学習に対する期待

グループ名	ラベル例
楽しい雰囲気（6）	授業が楽しくなる
活発な教室（5）	活発的な教室雰囲気を作ることができる
言語能力伸長効果（4）	実際の現場や、本当に使える日本語が身につく
主体的な参加（4）	受け身から主体的な姿勢に変わって学習できる
創造性のある学び（3）	多角的な意見・考えに刺激を受けて、新たな発想に到る可能性がある
社会的関係性の構築（3）	学習者間により良い関係が構築できる
意見の共有（2）	色々なアイデアや意見の交換が出来る
思考の深化（2）	考えが深まる
メタ認知の促進（2）	他者の意見を聞くことで気づきが生まれる
動機付け（2）	学習意欲向上
問題解決能力の醸成（2）	学生同士がチームワークで問題解決する力を養うことができる
協働する力（2）	個人から仲間で勉強するという変化
自律的な学習管理（2）	学習者に自律的な学習管理的な学びが身につく

異なる能力を活かした学び（2）	レベルの異なる学生が、自分の能力を生かして学習できる
心理的負担の軽減（1）	質問があったときは、先生よりクラスメートに聞いたほうが心理的に質問しやすい
学習者理解（1）	それぞれ、どれぐらいできるかを先生側が分りやすくなること

4.2　協働学習に対する不安

　次に、台湾の日本語教師による協働学習に対する不安を表 12.3 に示す。不安に関しては、先行研究と大きく異なる結果が得られた。その一つは、評価に対する認識である。韓国では、相対評価と協働学習を通じた学習者のパフォーマンスの評価に矛盾を感じる教師が多かったが（トンプソン・房・小浦方・池田2014）、台湾では１件のみだった。「評価の難しさ」など、協働学習を行なう上での環境の制限に関する認識が１件に留まったことは、荒井・羅・張（2015）の指摘とも異なる結果である。また、韓国の日本語教師が不安を抱き、台湾で協働学習を行なう上での課題として楊（2013）が指摘した「教師の役割」に関しては挙げられていなかった。

　では、台湾の日本語教師はどのようなことに不安を感じているのか。表12.3 を見ると、「グループダイナミクス」「非主体性」「不平等さ」などの教室活動において観察可能な学習者の態度・行動に関するもの、「学習者の学習観のかい離」「学習者の協働に対する不慣れ」など、教室活動での学習者の態度・行動の背後にあるものなど、協働学習に対する不安を学習者に帰する傾向にあった。また、協働学習に対する期待で挙げられた「言語能力伸長効果」と葛藤する形で、「言語能力伸長効果に対する疑心」があることもわかった。

表 12.3　協働学習に対する不安

グループ名	ラベル例
グループ ダイナミクス（9）	意見（主張）の強い学生に押されて話さなくなる学生がでる
非主体性 A 動機付けの低さ（態度） （7）	活動に参加しない、したくない学生が出てくる
非主体性 B 消極的な参加(行動)（7）	グループ内に沈黙し続ける人がいる
不平等さ（5）	学習者間に発話量の差が出る
非主体性 C 学習者の能力・適正（4）	言葉や性格などの原因で自分の意見を素直に表現できない
思い描いた協働学習と現実とのかい離（4）	教室でピア・ラーニングしても、教師が期待している成果が出ない
言語能力伸長効果に対する疑心（3）	間違った文法、表現を使ってしまう。または身につけてしまう
学習者の学習観のかい離（2）	教師から教えてもらうことに慣れているから、授業として見ることができない
学習者の協働に対する不慣れ（2）	どのように話し合っていけばよいか、分からない
想定できない結果への教師の不安（2）	うまくいく活動といかない活動がある
評価の難しさ（1）	評価しにくい

4.3　協働学習に対する期待と不安の概念図

　以上の台湾の日本語教師の協働学習に対する期待と不安を概念図にしたのが図 12.1 である。

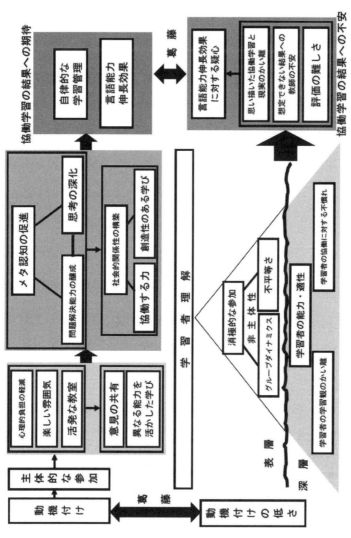

図 12.1　協働学習に対する期待と不安の概念図

協働学習に対する期待と不安は、協働学習の成否を決める要素としても捉えることができよう。その成否は、まず学習者の「動機付け」の有無が鍵を握る。「動機付け」がある場合、協働学習への「主体的な参加」があり、その結果情意面が安定する。そして、そのことで「意見の共有」と「異なる能力を活かした（学生同士）の学び」が可能となり、さらには「メタ認知の促進」や「協働する力」の醸成がなされる。この学びのプロセスにおいて、協働学習を通じた学習者の思考が言語化されることにより、教師は「学習者理解」を深めることができる。そして、「学習者理解」を通じ、教師は学習者の「言語能力伸長効果」や、「自律的な学習管理」を認識する。

　一方、「動機付けの低さ（非主体性 A）」が問題となる協働学習の場においては、「消極的な参加（非主体性 B）」「グループダイナミクス」「不平等さ」などの教室活動で観察可能な学習者の態度・行動、すなわち教師は、彼らの表層部分をまず認識する。そして、「学習者の能力・適性（非主体性 C）」「学習者の学習観のかい離」「学習者の協働に対する不慣れ」が学習者の態度・行動の背後にある深層心理だとして捉える。これらの「動機付けの低さ（非主体性 A）」を支える学習者の態度と行動から、教師は「思い描いた協働学習と現実のかい離」「想定できない結果への教師の不安」「評価の難しさ」を感じ、結果的に「言語能力伸長効果に対する疑心」を抱く。

　以上、協働学習に対する期待と不安を見ると、学習者の動機付けの有無を出発とした教師の認識があり、教師を主体とする期待・不安はあまり表れていないことがわかるだろう。

5　考察と今後の展望

　以上の結果を踏まえ、考察と台湾支部の今後の展望を述べる。今回の結果で特筆すべきは、協働学習の実施環境の制限（荒井・羅・張 2015）や教師の役割（楊 2013）に関する認識が見られなかったことである。これは、台湾支部のこれまでの活動が文献講読や講演会など、協働学習の理論に関する知識を得る場だったことが一因と考えられる。今後の台湾支部の活動においては、文献講読だけでなく、教師ら自身が行なっている協働学習の実践を持

ち寄り、報告しあうことが一案として考えられる。教師が主体となって協働
学習において何をすべきかを考える場を台湾支部が提供し、そのような機会
が蓄積されることで、理論と実践が融合された協働学習が実現するだろう。
その際、躊躇なく実践報告と意見・情報共有を行なう場を創造するために、
東京や各国支部の協働実践研究会メンバーが、彼らの実践を共有したり、改
善を目的とした意見共有のあり方を示すことが提案される。
　そのような機会が蓄積された後、実践に裏打ちされた協働学習に対する期
待と不安を実践者自身が調査することで、協働学習の実践に対する内省を促
し、ひいては実践の改善と研究の推進をもたらすことが期待される。

付記：本研究は、以下の助成を受けて行なった。
　　科学研究費補助金研究　平成 25〜28 年度　基盤研究 (B)「日本語教育における協働学習の
　　実践・研究のアジア連携を可能にするプラットホーム構築」研究代表者　池田玲子

注

1.　詳細は荒井・羅・張 (2015)、羅 (2013) を参照されたい。
2.　ワークショップは、理論と実践に関する講演、協働学習体験、授業デザインで構成されてい
　　た。詳細は協働実践研究会のウェブサイトを参照されたい。http://kyodo-jissen-
　　kenkyukai.com/wp/wp-content/uploads/2014/12/706cd553cd9afbf0b2436f971f7e829b.pdf

参考文献

荒井智子・羅曉勤・張瑜珊 (2015)「台湾協働実践研究会の現状及び課題—継続の可能性及び省
　　察的教師成長の可視化」『第 8 回協働実践研究会』配布資料.
池田玲子・舘岡洋子 (2007)　『ピア・ラーニング入門—創造的な学びのデザインのために』ひ
　　つじ書房.
川喜田二郎 (1986)　『KJ 法—渾沌をして語らしめる』中央公論社.
トンプソン美恵子・房賢嬉・小浦方理恵・池田玲子 (2014)「教師が協働学習を取り入れていく
　　ために必要なサポートは何か—韓国の日本語教師による期待と不安の分析から」『協働の理
　　念と実践ワークショップ：協働学習導入日本語教学実践研究群』台湾交流協会ポスター発

表資料.

楊姍燁 （2013） 「学習者の立場から見たピア・レスポンスの有効性についての一考察―台湾日本語学習者を対象として」『第 6 回協働実践研究会　日本語教育における協働学習実践研究シンポジウム』(2013)　科学研究費補助金研究基盤研究(B) 「日本語教育における協働学習の実践・研究のアジア連携を可能にするプラットホーム構築」研究代表者池田玲子.

羅曉勤 （2013） 「台湾日本語教育における協働学習研究の現状と課題」『第 6 回協働実践研究会日本語教育における協働学習実践研究シンポジウム』(2013)　科学研究費補助金研究基盤研究(B) 「日本語教育における協働学習の実践・研究のアジア連携を可能にするプラットホーム構築」研究代表者　池田玲子.

羅曉勤・張瑜珊・荒井智子・陳文瑤 （2019）「台湾における教育実践改革」台湾協働実践研究会編『大学生の能動的な学びを育てる日本語教育―協働から生まれる台湾の授業実践』瑞蘭國際有限公司、pp. 275-298.

第 13 章

教師研修を通じた協働学習のひろがり
－「ケース学習」を中心としたネットワーキング－

近藤彩

1　はじめに

　近年、さまざまな分野で協働学習について議論されることが多くなり、その必要性や重要性が広く理解されてきている。例えば、大学や学校教育での協働実践は、「アクティブ・ラーニング」の一部として急速に取り組みが進んでいる。中央教育審議会（2012）によると、アクティブ・ラーニングとは、「教員による一方向的な講義形式の教育とは異なり、学者の能動的な学習への参加を取り入れた教授・学習法の総称。学修者が能動的に学修することによって、認知的、倫理的、社会的能力、教養、知識、経験を含めた汎用的能力の育成を図る。発見学習、問題解決学習、体験学習、調査学習等が含まれるが、教室内でのグループ・ディスカッション、ディベート、グループ・ワーク等も有効なアクティブ・ラーニングの方法である」と説明されている。学習者が能動的に学修するには、他者と学びあうことの有用性がここに示されている。

　グローバルな視点から見ても協働が重要であることがわかる。ライチェン（2006）が提唱した「グローバル社会で必要な能力」である「キーコンピテンシー」には、①「社会的に異質な集団で交流すること」②「自立的に活動すること」③「道具を相互作用的に用いること」があるが、①は特に協働と関係が深く、国籍を問わず、国境を越えて働く上では必要な要素といえる。

　経営学においても協働の重要性は以前より明確に示されている。高いコラ

ボレーションスキルが個人と個人の関係のみならず、チーム内や部門間の関係、顧客やサプライヤー等との関係において、自然の熱意を生み出すこと、さらにはその人間関係の質を高めるといわれている。職務環境においてもコラボレーションにより健全性が担保されるのである（タム＆リュエット2005）。

　福祉の分野においてもピアサポートの実践がひろがっている（金・橋本・村上 2014）。仲間同士の関係で支えあうという趣旨のもと、地域社会で支援しあう関係性の構築が期待されている。病気や障害の有無にかかわらず、たとえ自分が入院中の患者であっても病棟にいる仲間を支援することが可能であること、経験者であるからこそ他者への支援ができることから、地域生活においてピアサポートの実践に期待が寄せられている。

　協働するために必要な力、すなわち協働力を身につけるには、教育に資するところが多い。社会人になったからといって、背景の異なる他者と交流しつつ働くことが容易になるわけではない。社会人になる前段階に受ける大学等が提供する教育において協働力を身につけさせることが肝要であり、高い協働力はその後の個人の生きやすさ、しいては組織（企業・職場）の発展にもつながる。

　日本語教育に目を移せば、アジアにおける日本語教育の現状は実にさまざまである。オーストラリアではトムソン氏らが学習者主体の日本語教育実践を行い、相対的に早い段階からその重要性を述べている（トムソン 2009）。中国では、協働実践研究会設立当初（2010）から北京支部が置かれ、池田氏・舘岡氏、朱氏らによる協働が進み、近年では、協働学習に関する図書『日語協作学習理論与教学実践』（中国高等教育出版社）が刊行されている。池田・舘岡（2007）『ピア・ラーニング入門―創造的学びのデザインのために』をもとに、日本人研究者と中国人研究者がそれぞれの教育現場において協働学習の発展を目指し、現状報告や実践の報告を行っている。まさに、日本語母語話者教師と中国語母語話者日本語教師による協働の成果といえる。

　筆者も池田氏や舘岡氏らと共に協働実践研究会を立ち上げたメンバーの一人であり、協働学習を実践してきた。主に教師教育や留学生向けの日本語教

194

育、企業内日本語研修を行ってきた。2010 年以降は、近藤（2007）他の結
果を踏まえ、企業研修で協働学習を取り入れ、ワークショップや研修を積極
的に実施してきた（近藤 2014・2016・2018 他）。

　本稿では、池田氏を代表とする 4 年間（2014 年度〜2017 年度）の科研に
より実施したケース学習に関わる日本語教育研修の内容や、研修をきっかけ
に作られたネットワークのその後の広がりとその変容について報告する。ま
ずは、ケース学習について下記に述べる。

2　協働学習としてのケース学習

　「ケース学習」は、事実に基づくケース（仕事上のコンフリクト）を題材
に、設問に沿って参加者（日本語学習者を含む）が協働でそれを整理・討論
し、仕事場面を疑似体験しながら問題解決方法を導き出し、最後に一連の過
程について内省を行うところまでの学習である。2010 年当初、ケース活動
として発表し（近藤・金 2010）、同年と 2011 年には、日本語教育学会の教師
研修として、池田氏と神吉氏（現武蔵野大学）と共に、「ケース（事例）で
学ぶビジネス日本語教育―問題解決型討論活動のデザイン」というワーク
ショップ型研修を実施した。2013 年にテキスト『ビジネスコミュニケー
ションのためのケース学習―職場のダイバーシティで学び合う【教材編】』
（近藤・金・ヤルディー・福永・池田 2013）（ココ出版）、2015 年に『ビジ
ネスコミュニケーションのためのケース学習―職場のダイバーシティで学び
合う【解説編】』（近藤・金・池田 2015）（ココ出版）、2019 年に教材の続編
として、『ビジネスコミュニケーションのためのケース学習 2 －職場のダイ
バーシティで学び合う【教材編】』（近藤・金・池田 2019）（ココ出版）を刊
行した。国内では、企業研修、教師教育、大学、日本語学校等で用いられて
いる。

3　ケース学習に関わる海外における実践

3.1　海外におけるケース学習の実践紹介やワークショップ

　筆者が実践した海外でのケース学習の実践紹介やワークショップは、表

13.1 のとおりである。主に教師研修や招聘講演の形で行われたが、論文発表・執筆や図書刊行という形でも進められた。海外拠点は、前半はオーストラリア、中国、韓国、後半はヨーロッパ（開催地はフランス）、ベトナム、インドである。本科研によりネットワークが強化されたといえる。現在もネットワークは維持されつつ、一部は形を変えながら発展を続けている。

表 13.1　筆者による海外における協働学習の実践紹介：
2013 年度〜2018 年度

年	種別・機関・場所	テーマまたは題目
2013	（刊行）	ビジネスコミュニケーションのためのケース学習―職場のダイバーシティで学び合う（近藤・金・ヤルディー・福永・池田）
2013	協働・ビジネス日本語教育ワークショップ/大連外国語大学（中国）（招聘講演）	協働を取り入れたビジネス日本語教育―協働・ビジネス日本語教育ワークショップ
2013	浙江財経大学東方学院日本語教育セミナー(中国)	人材育成を目指したビジネス日本語教育
2013	Association of Australia 2013 Conference The Australian National University, Canberra（パネルセッション）（豪）	職場のダイバーシティで学び合う（金・近藤・池田・藤光） セッション１：ケース学習からのビジネスコミュニケーションを考える
2014	JLTWA Conference メルボルン（豪）	Collaborative Learning for reading comprehension and beyond(舘岡・近藤)
2014	（論文）National Symposium on Japanese Language Education 2012	グローバル時代における日本語教育―プロセスとケースで学ぶビジネスコミュニケーション（近藤・金）
2014	ICJLE2014 Sydney 日本語教育国際研究大会（豪）	ケース教材を用いたオンライン学習の実践：対面授業との比較から
2014	第2回日本学ハイエンドフォーラム・中国大学日本語講師夏季研修会（招聘講演）/青島（中国）	グローバル時代におけるビジネスコミュニケーション研究と教育実践―ケース学習とプロセスアプローチの提案―

2014	（論文） 『専門日本語教育研究』 第 16 号	日本語非母語話者と母語話者が学びあうビジネスコミュニケーション教育」―ダイバーシティの中で活躍できる人材の育成に向けて―
2015	（刊行）	ビジネスコミュニケーションのためのケース学習【解説編】（近藤・金・池田）
2015	韓国日語教育学会 第 28 回国際学術大会	ビジネスコミュニケーションのためのケース学習の授業デザイン（金・池田・近藤）
2016	（刊行） 『評価を持って街に出よう―「教えたこと・学んだことの評価」という発想を超えて』宇佐美洋編	多様な価値観を理解する教育実践―職場での協働を目指して―（第 10 章）
2016	日本語教育セミナー（ビジネス日本語教育研究会）（越）（WS）	ビジネスコミュニケーション教育を考える（近藤・金・品田）
2016	協働実践研究会/ハノイ大学 FD 研修（招聘講演）	大学院における研究指導とは―教師の成長に向けて―
2016	2016 年度欧州日本語教育研修会「グローバル時代の人材育成とビジネスコミュニケーション教育」パリ日本文化会館（仏）（招聘講演）	ビジネスコミュニケーション教育の目指すもの 学び方・コミュニケーションのあり方を問い直す
2016	2016 年度欧州日本語教師研修会/アルザス欧州日本学研究所（仏）（招聘講演・WS）	グローバル時代の人材育成とビジネスコミュニケーション教育（近藤・金）
2016	ベトナム人中小企業経営者協会/ホーチミン（越）（招聘講演）	日本人ビジネスパーソンと働くには―協働に向けて
2016	4th Seminar on Collaborative Teaching and Learning （馬）（keynote lecture）	Collaborative Teaching and Learning for Business Communication
2017	（記事）『日本語教育通信日本語・日本語教育を研究する』（国際交流基金）	人材育成を目指すビジネスコミュニケーション教育（金・近藤）
2017	国際シンポジウムビジネス日本語教育とグローバル人材育	日本語教師は人材育成を担えるか?―変わりゆく教師の役割―

197

	成/ハノイ貿易大学（越）	
2017	グローバルパートナーシップ サミット 2017（印） （招聘講演）	インド人と日本人の協働を目指し た日本語教育―相互理解をもたら すビジネスコミュニケーション―
2018	（刊行） 『大学と社会をつなぐライ ティング教育』村岡貴子・鎌 田美千代・仁科喜久子編	「職場とつながるライティング教 育相互理解・問題解決・協働を可 能にするケース学習」（第10章）

＊上記は2018年度6月までのもの。共同研究者がいる場合は（　）内に示している。

3.2　研修の概要

　教師研修や実践紹介は、(1)近年の企業の動向、求められるコミュニケーション力、(2)企業内調査結果：日本語母語話者と非母語話者が働く職場に関する調査、(3)教育実践：企業で起きている問題やトラブルを用いた教育実践（ケース学習）と、参加者による内省、(4)協働で課題達成をする力の育成（近藤・品田・金・内海 2018）などから構成される。研修時間や研修目的によって内容は調整している。以下に概略を示す。

3.2.1　近年の外国人労働者の現況と求められるコミュニケーション力

　厚生労働省（2019）の統計結果によると、外国人労働者数は 1,658,804 人で、前年同期比 13.6％の増加となっている。国籍別では、中国が全体の25.2％（418,327 人）を占め、次いでベトナム24.2％（401,326 人）、フィリピン10.8％（179,685 人）の順である。対前年伸び率からすると、ベトナム（26.7％）とインドネシア（23.4％）、ネパール（12.5％）が伸びている。コロナ禍であり、今後どのように推移するか予測が難しいところではあるが、日本で学んでいる留学生に対しては一層の期待が寄せられる。日本企業に就職した留学生の業務は、「翻訳・通訳」、次いで「販売・営業」で、「海外業務」と続き、この3職種で全体のうち約5割を占めているという。

　企業で働くには、どの職種であってもコミュニケーション力は重要である。選考時に日本人学生に重視される要素（日本経済団体連合会 2018）は、①コミュニケーション力、②主体性、③チャレンジ精神、④協調性であるが、

これは日本語が母語である日本人学生であってもコミュニケーションに問題
があることを示している。ならば、日本語が母語でない外国人を採用するこ
とについて、企業ではコミュニケーションの問題がさらに深刻化することが
危惧される。筆者が行った企業でのインタビュー調査でも、「わからないな
らわからないと言ってほしい。わかったと言われると本当にわかったとこち
らも思ってそのつもりでいたら、あとで全然指示が伝わっていなかったこと
が判明した」（製造業）という発言が多い。また、外国人社員の主体性や
チャレンジ性については評価されるものの、協調性に関しては「プロジェク
ト制なので、日本人社員と働けるかが重要」（製造業、経営コンサルタント
他）という意見もある。外国人がいる職場では、日本人同士では起こりにく
い誤解や摩擦が生じる（近藤 2007 他）。こういったことからも、コミュニ
ケーション力（Canal&Swain　1980 他）を強化しつつ協調性を養うことを目
指す協働学習を、高等教育や日本語学校で実施する意義は深い。

3.2.2　企業内調査結果

　筆者は当該研究期間中、日本、インド、ベトナム、中国、マレーシア、フ
ランスで、製造業、IT 関連企業、サービス業を中心に企業調査を実践して
きた。研究で得た知見をいかし、内容をケース教材にして公表している。本
稿ではベトナムにおける現地調査について述べる。

（1）職場内コミュニケーション（サービス業）

　サービス業に携わる日本人社員にインタビュー調査を行った。その一部を
表 13.2 に示す。

表 13.2　ベトナムにおけるベトナム人と日本人間の
職場内コミュニケーション　（サービス業）

	日本人上司の意見	ベトナム人部下の意見
ホウ・レン・	ホウ・レン・ソウは基本だから、しっかりやってほしい。	報告のタイミングがわからない。

ソウ	適切なホウ・レン・ソウができていない。勝手に判断をしてしまう。	忙しい時にメールで連絡をするのは面倒だ。目上の人に相談をするという習慣がない。相談することに遠慮がある。
遅刻	（自分が）赴任後 3 か月はベトナム人社員が遅刻をすることに違和感を覚えた。遅刻の連絡もない。	渋滞がひどいし、バイクを運転しているので連絡できない。30分程度は問題ないと思っている。
休暇	休みを取るときは事前に、少なくとも 3 日前までに言ってほしい。	当日休むこともある。
急な仕事	急ぎの仕事が入った場合はそれを優先してほしい。	渋滞がひどいので 16：30 には退社したい。

　調査からわかることは、同じ事象を当事者たちは自分の立場からのみ捉えていることである。相手がなぜそのような行動をとるのかという相手側の観点では捉えていない。相手の行動が理解できない場合は、そのまま放置したり、不満を募らせたりするだけで、その理由を尋ねたり、追求したりすることはない。コミュニケーションとは本来双方向であるものだが、調査対象者らは自分の価値判断でのみ「評価」をしながら対応していることがわかる。

　ベトナムで研修をした際は、このような調査結果から書き起こしたケース教材を用いてケース学習の時間を設けた。ケース学習の体験については 3.2.3 で後述する。

（2）社内日本語研修（製造業 A 工場）

　ここでは、社内で日本語研修を提供している企業に対する現地調査について述べる。A 社（ベトナム支社）は製造業であり、技術エンジニア 200 名を抱えている。日本語力は必須で入社後に研修を提供し、能力差は給与や待遇面に反映される。エンジニアは工科大学を卒業しているため、日本語学習が未経験の者が多いが、いずれのエンジニアも入社後に日本語研修を受けている。数年ベトナムで経験を積むと日本本社に出向、OJT による技術修得の機会が与えられる者もいる。帰国後は、日本で培った人間関係や日本語力を駆

使し、日本本社とベトナム支社を結ぶ「ブリッジ人材」として、他方、社内では「リーダー候補生」として活躍が期待されている。

　下記は、現地の日本人社長（工場責任者及びベトナム統括）と同社の本社担当者を対象とした調査結果の一部である。

表13.3　A社（製造・IT関連企業）社内日本語研修における課題

項目	課題及びそれに関するコメント
日本語についての考え方	ベトナム支社で技術移転をするために日本語力が必須。日本語力がないと昇進に影響する。日本語力が伸びなくて辞めた社員もいた。中堅リーダーは日本の本社へ出向（OJT で派遣）、技術力と日本語力を身につけてもらう。帰国後はリーダー候補となる。ブリッジ人材として活躍が期待される存在。「技術力と日本語力は車の両輪である」日本に出向してもらっても日本語力が足りないと技術力は伸びない。
教材	「語学と仕事の距離が遠すぎる」職場で使わないことを教えていたため、日本語力が定着しなかった。職場に合った教材がないため、日本に拠点がある日本語学校と共同開発を続けている。中級はベトナム人教師が作成、それを添削することでベトナム人教師の日本語力やスキルも向上した。「教材は作るもの」という意識が定着した。
教師	現地の日本語教育機関に不信感をもった。教育機関も職場の本当のニーズが分からない。いい先生を現地でみつけるのは難しい。ベトナム人教師には業務経験がなかったが、社員に登用することで語彙リストや独自テキスト等を作成、日本語学校との提携も行い、共同開発することができるようになった。ただし教え方については改善が必要。

　課題はあるものの、技術力と日本語力を両輪にさまざまな協働が行われている（図13.1 を参照されたい）。日本で日本語を教える日本語教師は、いかに日本語を教えるかということに焦点を置きがちであるが、企業の担当者や工場長などによる、国を越え、部門を越えた協働が日本語教育の在り方を変えている。また、企業の人材育成の中にしっかりと日本語力の育成が根付こ

うとしている点にも重要な示唆がある。要するに、ベトナム工場、日本本社にいる担当者、そして提携日本語学校がそれぞれ支援しあい、そのネットワークをいかして、技術力と日本語力を両輪として人材育成が進められている。

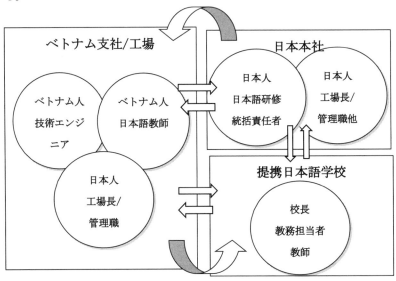

図13.1　日本本社・ベトナム支社・提携日本語学校による協働 (エンジニア)

　企業での日本語研修は職場に直結する表現や会話、語彙の習得を目的としているという。今後は教師養成に力を入れたいということであった。例えば、N2 レベル以上の外国人社員であっても、コミュニケーションに問題が起こったり、業務上解決すべき問題が生じたりした際に、個人差はあるものの、日本語を駆使して解決できるまでにはなっていないということだった。また前述したとおり、一人で解決しようとして周囲への相談行為がないため、問題を共有するという態度の育成も課題とされていた。

3.2.3　ケース学習の体験

　海外で研修を実施する場合は、その国の調査結果を示すだけでなく、ケース学習の体験の時間をとっている。本来一つのケースを用いる際は 1 コマ（90 分）か2コマを使うことがある。しかし、研修ではそのような時間がとれないことも多く、事前課題としてケースを読み、タスクシートに意見を書いてきてもらっている。また DVD 教材を併用して読む時間を短縮し、ある程度ケース教材に書かれている内容のイメージを共有していく場合もある。具体的な学習の流れは近藤・金・池田（2015）を参照されたい。

　重要な点は、参加者が主体であること、その場を「学びの共同体」とすること、講師（研修講師）は知識を教える立場ではなく、参加者の意見を最大限に引き出す「ファシリテーター」になることである。

　グループ討論、全体討論をしていく中で、ロールプレイを入れて解決策を発表してもらうことにも効果がある。ケース学習の特徴は、問題の解決を適切なことばを用いてできることでもある。これがケースメソッドとの違いでもある。「こうすればいい」と単に考えや知識を蓄積し解決策を理解するだけでなく、解決策を具現化することば（手段）を確保することが必要である。

　研修の際には、いくつか質問を受けることがある（近藤・金・池田 2015）。ケース学習は参加者に仕事の経験がないとできないか、N2 程度の日本語力がないとできないのかなどである。そういう時は、仕事の経験がなくてもできること、事前準備ができるのならば、N4 でも N3 でも可能であると説明をしている。実際、企業日本語研修で N4 レベルの日本語学習者を対象にケース学習を実施している日本語教育機関もあり、日本語研修を依頼した企業からは高い評価を得ている。仕事の経験がない高校生に対しても筆者は出張講義を複数回行ったことがあるが、その時の評価（参加者評価と教員評価）も高いものであった。

　ケース学習では内省を重視する。しかし、短期の研修では内省を共有することは時間の制約があり難しい。そこで大学の授業とは異なる方法で内省を共有することが多い。例えば付箋の利用である。討論中の気づきを異なる色ペンで記入していくことである。また、あらかじめ付箋を使い、討論中に一

つ気づいたらグループメンバーや全体に公開する形で、付箋（1枚）に書いて示していく方法である。討論が終わるころには何枚も色の違う付箋が加えられることとなる。

　参加者の中には「自分の気づき」に自信がなく発言や付箋の提示を控えてしまう者がいる。付箋にこのようなことを書いていいのか、こんなことに気づくのは幼稚ではないかなどと迷う。おそらく付箋に「正解」を書かなければならないと思ってしまうからであろう。しかし、他の参加者が新たに気づきを提示する場面や、それぞれが違った回答を出し合っていく中で、実は課題に対する「正解」は一つではないことを知っていく。これこそが学びの共同体であり、協働で学ぶ意義だといえる。

4　ケース学習のひろがり：ネットワーキング
4.1　海外における研修後のネットワーキング

　海外で研修を実施する場合、短期間で終わることが多い。一方、現地の教員が日本語教育現場にその学びを取り入れるには時間を要することが多い。プライベートレッスンや、小規模クラスのカリキュラムを参加者自身が作成することができる場合は、研修参加後即座にケース学習を取り入れられることもあるが、教育機関全体としてカリキュラムを変更していく場合には、他の教員らと議論が必要となり、導入までに時間がかかることがある。導入の際には質問や疑問が出てくることもあるため、講師と参加者間、参加者同士のネットワークができているとそれらが解決、解消されやすい。またネットワークの中にキーパーソンがいるとそのネットワークが強化されていく。

4.2　オーストラリア/フランス研修後のネットワーキング

　2016年のフランス研修を企画したキーパーソンは藤光由子氏（研修当時：パリ・日本文化センター）であった。藤光氏はフランスに派遣される前は国際交流基金の派遣専門家としてオーストラリアで活躍されていた。その時（2013年）にキャンベラで藤光氏、池田氏、金氏とケース学習に関わるパネルセッションを行っていた。その後も学術交流は継続していたが、藤光

氏がフランスに派遣され、ヨーロッパでのニーズとも合致したことから、2016 年にパリ（半日）とアルザス（コルマール）（3 泊 4 日）で研修が開催されることとなった。

　当該研修の概要は金・近藤（2017）を参照されたい。特筆すべき点はケースライティングである。アルザス研修の際に二人一組になりピア・レスポンスを行い、推敲されたケース教材は研修後に提出してもらった。その後、同年の 12 月に至るまで SNS を利用して助言や推敲が続き、最終稿が「2016 年度欧州日本語教育研修会　ケース集　～ビジネスコミュニケーション教育のリソース作成の試み～ケース教材集」として公表された。https://sites.google.com/site/nihongomcjp/home/kenshuu/autre/alsace

　これらはヨーロッパ諸国で日本語教育に携わった教員によるケース教材であり、現場ですぐに使えるものである（参加国はフランス、イギリス、スイス、ポルトガル、ドイツ、オランダ）。研修参加者によって書かれたケース教材の価値は大きい。

　さらに、16 名のうち、7 名が翌年のヨーロッパ国際大会においてパネルセッションを行っている。要するに、彼らは 2016 年 7 月にケース学習について学び、研修後に教材を推敲し、研修後も「学びの共同体」を確立していったといえる。これは、研修のコーディネート、研修講師、参加者同士によるスキャッフォールディングの成果ともいえよう。

　2018 年レンヌで行われた研修（講師：池田・近藤）に、上記参加者のうち 1 名が参加し、自身の大学で実践した報告も行った。また、当該研修の企画者は、2016 年のパリの研修参加者であった。このようなネットワークは当初意図した以上のものとなり、欧州ネットワークが作られ拡大し、いわば生態学的な成長を見せた。

　繰り返しになるが、2016 年の研修を受けるまでケース学習について知識を持たない参加者が研修で知識を得、体験を積み、模擬授業をし、最後にケース教材の作成をし、学会発表をした。実践を積み重ね、研修後も他の参加者、コーディネータ、コーディネータ補佐、研修講師らと交流を続け、ケース教材集をネット上に公開するに至った。加えて、ヨーロッパでの各自

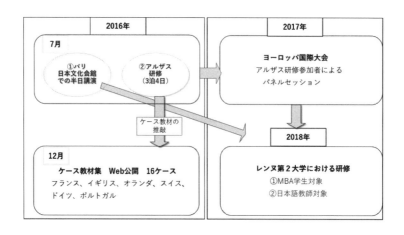

図13.2 ヨーロッパにおけるケース学習のひろがり：ネットワーキング

の実践を発表するために、メンバーを募り、国際大会のパネルセッション部門に応募し、採択され、パネルセッションを行ったということである。そのうちの一人は2018年のレンヌ第二大学で池田氏と筆者が行った協働学習の研修（含　ケース学習）に参加し、そこにいた他の参加者に対し自身の大学での実践を報告している。またレンヌ研修のきっかけを作ったのが、パリ講演（研修）の時であった。振り返ると、ネットワークは自ら作っていく場合と、ほぼ自然発生的に偶発的に作られることがあった。研修中に急速にネットワークが構築され、研修後は、現在に至るまで持続的に維持されている。当初（研修企画の段階から研修開始時まで）のネットワークは、藤光氏、金氏、筆者を中心としたものであった。しかし、研修が開始され、討論や課題に参加者が協働で取り組む中でネットワークは細分化し、時には派生し、多様な形態をとるようになった。ネットワークは学びのプロセスであり、動的にその様相は変化しつつも、根幹であるケース学習に対する関心や教育現場の質の向上という意気込みや思いは維持されていった。

　図13.2で示した「ヨーロッパにおけるケース学習のひろがり」は、ネットワーキングの「ヨーロッパモデル」といえる。ところが実は、はじまりは

2013 年のオーストラリア研修であったことは興味深い。グローバル時代、ますます人は移動することから、今後もこのネットワークの形態は変化するに違いない。

　現在は、アジアにおいて前述の「ベトナムモデル」を検証している。また、2018 年に池田氏とマレーシア研修や中国（成都）研修を実施したことから、そこでの調査データの分析を行い、そこからケース教材化へと進めていく予定である。

5　おわりに

　本稿では海外での協働学習（主にケース学習）に関わる研修や講演の概要と、ベトナムを例にした企業調査の結果の一部を示した。さらに、ケース学習の概略と、ヨーロッパ研修を受けた参加者・関係者間のネットワーキングを「ヨーロッパモデル」として例示した。アジア（オーストラリア）での学術交流をもとに関係者が移動して研修を企画することで、新たにヨーロッパ関係者が加わるネットワークが生まれた。今後もネットワークは変化を続けるだろう。時にはネットワークは細分化し、時には変形した。その中心は研修コーディネータや筆者から、研修参加者へと移っていった。

　研修は参加者がその場で満足して完結するのではない。研修後に参加者自身が現場（教育現場、職場）でその意味付けをし、独自に発展させていくことに意味がある。そこに研修を行った意義があると筆者は考えていることから、この想定外のネットワークは一つの研修成果といえよう。

　2020 年に、元研修参加者によるケース学習の活動はヨーロッパ日本語教師会の SIG となり、2021 年のヨーロッパ日本語教育シンポジウムでは、元参加者 4 名と日本側 3 名とでパネルセッションが予定されている。このようにこの先もネットワークは様々な形で進化し、生態学的な成長を見せていくだろう。

付記：上記一部は下記の科研の助成を得ている。科学研究費補助金研究　基盤研究（B）「外国人労働者の定着と協働を目指す受け入れ環境の構築」（17H02354）及び基盤研究（B）「外

国人労働者の定着促進のための協働型受け入れ環境の構築」(20H01274)

　　研究代表者：近藤彩

参考文献

池田玲子・舘岡洋子（2007）『ピア・ラーニング入門―創造的学びのデザインのために』ひつじ
　　書房.

池田玲子・舘岡洋子・朱桂栄・林洪（2014）池田玲子・舘岡洋子編著『日本語協作学習の理論
　　と教学実践』中国高等教育出版社.

金孝卿・近藤彩（2017）「人材育成を目指すビジネスコミュニケーション教育」『日本語教育通
　　信日本語・日本語教育を研究する第44回』国際交流基金

　　https://www.jpf.go.jp/j/project/japanese/teach/tsushin/reserch/201702.html

金文美・橋本達志・村上貴光（2014）『事例でわかるピアサポートの実践―精神障碍者の地域生
　　活がひろがる』中央法規出版.

厚生労働省（2019）「外国人雇用状況の届出状況まとめ【本文】（令和元年10月末現在）

　　https://www.mhlw.go.jp/content/11655000/000590310.pdf

近藤彩(2007)『日本人と外国人のビジネスコミュニケーションに関する実証研究』ひつじ書房.

近藤彩（2014）「日本語非母語話者と母語話者が学びあうビジネスコミュニケーション教育―ダ
　　イバーシティの中で活躍できる人材の育成に向けて」『専門日本語教育研究』第16号、
　　pp.15-22.

近藤彩（2016）「多様な価値観を理解する今日いう実践―職場での協働を目指して」宇佐美洋
　　（編）『「評価」を持って街に出よう「教えたこと・学んだことの評価」という発想を超え
　　て』第10章、pp.171-187、くろしお出版.

近藤彩（2018）「日本語教育関係者と企業関係者における異業種の協働　―企業研修を行う講師
　　育成プログラムの開発―」BJジャーナル、ビジネス日本語研究会.

　　http://business-japanese.net/archive/BJ_Journal/BJ001/001_04_Kondo.pdf

近藤彩（2018）「職場とつながるライティング教育相互理解・問題解決・協働を可能にするケー
　　ス学習」村岡貴子・鎌田美千代・仁科喜久子（編）『大学と社会をつなぐライティング教育』
　　第10章、pp.177-195、くろしお出版.

近藤彩・金孝卿（2010）「「ケース活動」における学びの実態―ビジネス上のコンフリクトの教材

化に向けてー」『日本言語文化研究会論集』6、国際交流基金・政策研究大学大学院

http://www3.grips.ac.jp/~jlc/files/ronshu2010/Kondoh%20Kim.pdf

近藤彩・金孝卿・ヤルディー，ムグダ・福永由佳・池田玲子（2013）『ビジネスコミュニケーション
のためのケース学習職場のダイバーシティで学び合う【教材編】』ココ出版.

近藤彩・金孝卿・池田玲子（2015）『ビジネスコミュニケーションのためのケース学習職場のダ
イバーシティで学び合う【解説編】』ココ出版.

近藤彩・金孝卿・池田玲子（2019）『ビジネスコミュニケーションのためのケース学習2　職場
のダイバーシティで学び合う【教材編】』ココ出版.

近藤彩・品田潤子・金孝卿・内海美也子（2018）『新装改訂版　課題達成のプロセスで学ぶビジ
ネスコミュニケーション』ココ出版.

タム，W・ジェームス＆リュエット，J・ロナルド（2005）『コラボレーションの極意』斎藤彰悟
監訳春秋社.

中央審議会（2012）「新たな未来を築くための　大学教育の質的転換に向けて～生涯学び続け、
主体的に考える力を育成する大学へ～（答　申）」平成 24 年 8 月 28 日

https://www.mext.go.jp/component/b_menu/shingi/toushin/__icsFiles/afieldfile/201
2/10/04/1325048_3.pdf

トムソン木下千尋（2009）『学習者主体の日本語教育　オーストラリアの実践研究　日本語教育学
研究』ココ出版.

日本経済団体連合会（2018）「2018 年度新卒採用に関するアンケート調査結果」
http:/ /www.keidanren.or.jp/policy/2018/110.pdf

法務省入国管理局（2016）「平成 28 年における留学生の日本企業等への就職状況について」
平成 29 年 11 月、http://www.moj.go.jp/content/001239840.pdf

ライチェン，S・ドミニク，ローラ・H サリガニク（編著）(2006)『キーコンピテンシー国際標準
の学力をめざして』明石出版.

Canale, M., and M. Swain (1980) Theoretical bases of communicative approaches to second
language teaching and testing. *Applied Linguistics* 1, pp. 1-47.

第 14 章

「学び合いコミュニティ」を目指した

北京協働実践研究会の歩み
－「体験」を基礎とする活動という視点から考える－

菅田陽平・駒澤千鶴

1　はじめに

　私たち[1]は、現在、中国・北京で日本語教師として働いている[2]。大きく変わりゆく中国社会の中で生活し、その教育に携わる中で、毎日、学習者の多様なニーズに対応する重要性を痛感している。一方、現場に立つ中で、自らの実践を高めようと考えていても、個人の努力や能力の範囲内でできることは限られており、しばしばその限界を認識した。そのため、仲間とともに互いの実践について考え、研鑽することを目的とした教師コミュニティの必要性を感じてきた。そして、互いの研鑽を目的とした教師コミュニティについて考える際には、「集団」を基礎にその学びについて捉えることを望んでいた。その思いが今回紹介する「北京協働実践研究会」という組織の活動を定例化し、仲間とともに考えていくという経緯に結びついた。

　岡崎・岡崎（1997）が「教師のトレーニングから教師の成長へ」を提唱して以来、日本語教師の成長やその学びの重要性が言われるようになって久しい。日本語教育における教師の成長について言えば、ジョン・デューイの「反省的思考（reflective thinking）」の概念をドナルド・ショーンが発展させた「反省的実践家（reflective practitioner）（ショーン 1983／2001）」という考え方の影響を強く受けていることが指摘できる。また、多様な教育

環境や学習者に対応していくためには、従来型の研修を受けるだけでは、その有効性が発揮されることは難しく、教師自らが実践を内省し、自分自身で新たな在り方を探る「自己研修型」の研修が重視されるようになっている。

　執筆時点（2018 年 10 月）において、2014 年 12 月から定期開催化された北京協働実践研究会の運営に私たちが携わってから約 4 年が経った。以下の表 14.1 は、過去 31 回の活動についてまとめたものである。

表 14.1　2018 年 10 月までの北京協働実践研究会の全 31 回の活動一覧

回数	日付	活動内容
2011年に不定期に文献購読会を開催（第1回～第3回勉強会）		
第4回	14.12.20	ワークショップ形式による「ピアラーニング」の実践例の体験と理論的解説
第5回	15.03.28	「ピア活動」のアイディアを持ち寄ろう！ジグソーリーディングの体験
第6回	15.04.18	情報格差を利用した自己紹介活動の共有(1) グループワークでアフレコに挑戦
第7回	15.05.09	情報格差を利用した自己紹介活動の共有(2) チームビルド活動「芸術家の村」の体験
第8回	15.06.13	自らが持つ「教師観」、「教育観」について、改めて考える時間を持とう
第9回	15.09.19	情報格差を利用した「他者紹介活動」の体験「ピア活動 ぐるぐる」の体験
第10回	15.10.17	協働学習活動「慣用句の学習」の体験
第11回	15.11.14	「ピア・モニタリング」に挑戦
第12回	15.12.19	「とっさの一言 相手の気持ちと場の雰囲気をよくして、気まずい場面を切り抜けよう」―会話・ビジネス授業への応用を考える―
第13回	16.03.19	「書くこと」についてみんなで考えてみよう(1)
第14回	16.04.19	「書くこと」についてみんなで考えてみよう(2)
第15回	16.05.14	アイディアや想いを持ち寄り、たくさん話そう
第16回	16.06.25	会話授業におけるディスカッション活動の報告
第17回	16.09.17	教師と学習者が双方向の交流を行うことを目指した授業実践（第二外国語クラス）の報告
第18回	16.11.12	「日本語教育への道：個人的なこれまでの現場経験を基に」の共有
第19回	16.12.17	「作文実践帳」を自作し、作文の実践に活かす
第20回	17.03.25	チームビルド活動「ウェンブリーホテルを探せ」の体験
第21回	17.04.15	文法・表現導入の際の「ひと工夫」を持ち寄ろう！
第22回	17.05.28	文法の導入・産出について改めて考える
第23回	17.06.17	「参考にしたい・影響を受けた他者の実践」の共有
第24回	17.09.23	「協働」で学習するってどんな感じ？まずは体験から
第25回	17.10.21	体験「ブレーンストーミング法」とは？(1)
第26回	17.11.25	体験「ブレーンストーミング法」とは？(2)
第27回	17.12.24	体験「ブレーンストーミング法」とは？(3)
第28回	18.04.08	今後の北京協働実践研究会でみんなといっしょに考えたいこと(1) (WeChat上で開催)
第29回	18.04.15	今後の北京協働実践研究会でみんなといっしょに考えたいこと(2) (WeChat上で開催)
第30回	18.06.03	演劇的手法を日本語教育に活かすために
第31回	18.10.20	「協働」で学習するって実際どのようなもの？まずは体験から

　しかしながら、北京協働実践研究会における運営の方向性が開始直後から明確に定まっていたわけではない。むしろ、計 31 回の勉強会を通し、他の参加者との対話を重ね、少しずつ新しい発見を得てきた。そして、おぼろげながらも、私たち自身がどのようなコミュニティを目指したいのかという志向が見えてきたように考えている。特に、「仲間と実践を考える場がほしい」という思いが強くありつつも、運営の方針については手探りの状態が続いてきた。その中で、定期活動の開始から約 1 年が経った 2015 年 2 月、第 10 回協働実践研究会に参加し、北京協働実践研究会における実践や毎月の勉強会

212

から得られた学びについて発表する機会を得た。

　その際の私たちの発表を基に、北京協働実践研究会の活動について論じたのが舘岡（2016）である。図 14.1 は、舘岡が教師研修について、講師と参加者の関係性を基に分類を行ったものである。この図においては、「個体能力主義（石黒 1998）」に基づいた獲得モデルを採用した従来の研修から脱却し、関係性構築による学びへと移行するために、「対話型研修」が構想され、さらに、継続的な学びの場である「学び合いコミュニティ」へとつながることが想定されている。ここでいう「対話型研修 [3]」とは、参加者が単に、講師から知識や技能を学ぶのではなく、参加者間で対話を重ねる中で、「協働」で問題解決を図り、内省し、対話を通し、その内省を再び共有することにより、そのプロセスの中で意味を生成していく研修を指す。最終的には、講師不在の「学び合いコミュニティ」が生成され、教師たちが互いに学び続けることが目指されている。

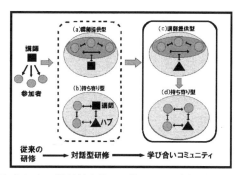

図 14.1　講師と参加者の関係性を基に研修について分類したもの（舘岡 2016:3）

　舘岡（2016）では、2014 年 12 月からの北京協働実践研究会の約 2 年間の運営の過程を分析する中で、図 14.1 にあてはめた形で、「対話型研修」、さらに、「学び合いコミュニティ」への移行が進んだことが論じられている。正直に言うと、私たち自身でも、最初から上記の図のような移行を視野に入れ、明確な方向性と計画を持ち、北京協働実践研究会を運営してきたわけで

は決してなかった。むしろ、毎回の勉強会から得てきたものとは、試行錯誤の中での「産物」だったと振り返ることができる。しかし、舘岡の分析に触れ、改めて、「対話型研修」と「学び合いコミュニティ」の重要性に気づくとともに、より明確に「学び合いコミュニティ」に向けた模索を続けていきたいと考えるようになった。

　そこで、本稿ではまず、私たちがどのようなきっかけで北京協働実践研究会の運営に携わるようになったのかについて、目指してきたコミュニティ像とともに述べる。続いて、過去4年間の運営の際に、どのようなことを考えてきたのかという点を中心に、その軌跡を振り返り、その中から得られた個人的な学びについて記述していく。私たちの記述が他地域において、コミュニティを運営していこうとする方々や新たにコミュニティを立ち上げようとする方々の役に立つことができれば、それは望外の喜びである。

2　北京協働実践研究会の活動開始のきっかけ

　私たちが活動を続けてきた北京協働実践研究会は、2011年に設立[4]され、2014年12月からは、長期休暇期間を除き、毎月1回、北京外国語大学北京日本学研究センターにおいて、約2時間の勉強会が実施されてきた。参加者は主に、北京市やその近郊の日本語教師と日本語教師を目指す大学院生だった。2018年10月時点の登録者数は約60名、毎月の勉強会には10名〜20名程度が参加した[5]。この勉強会が志向する特徴としては、主に以下の2点が挙げられる。

---

①「協働」とは何か、どのように現場で「ピア・ラーニング」を実践するのかという問題を考える際に、実践の体験を通し、参加者自らが「協働」を体感した上で実践しようとしている点
②「協働」の精神を基に勉強会の運営を行うことを目指し、その運営の過程そのものも「実践研究」の対象としている点

　この2点は、私たちが2014年12月以来、北京協働実践研究会の運営に携

わる中で、実現を目指してきた内容であった。それは私たちが「協働」という概念について、本格的に考えるきっかけとなった出来事ともつながっている。

2014 年 4 月、北京師範大学において、第 7 回協働実践研究会が開催され、私たちも発表者として研究会に参加した。この研究会ではポスター発表のほかに、「なぜ協働学習か」というテーマで、「ラウンド・テーブル」という発表形式が初めて採り入れられていたのが特徴的であった。

図 14.2 「ラウンド・テーブル」の活動風景

「ラウンド・テーブル」では、まず、私たちも含めた合計 3 組の発表者が会場全体の参加者に向け、「話題提供」という形で 15 分間の発表を行った。その後、各参加者は、「さらに話を聞いてみたい」と感じた発表を一つ選び、その発表者を中心にして「机を囲む形」でグループ・ディスカッション、全体共有といった活動があった。私たちも勤務校の作文の授業における実践例を基に「話題提供」を行った。

実は、この研究会で発表するまで、私たちが「協働」というテーマを基に研究・実践活動に取り組んだことはなかった。しかし、私たちが一方的に実践を語るのではなく、発表に興味を持ち、私たちのテーブルに来てくれた聞き手の意見や思いをすくいあげられるような仕掛けが作れないだろうかと考えた。そこで、短い時間でも各自の考えが可視化できるよう、私たちの「ラ

ウンド・テーブル」を選んでくれた参加者全員にコピー用紙とマーカーを配布した。そして、「ラウンド・テーブル」において、「『協働』という言葉を聞いた時、どのようなイメージが湧くのか」というアイス・ブレイクを目的とした問いかけの際に、キーワードで答えてもらうのにコピー用紙を使用した。また、私たちが勤務校の作文の授業で実際に使っている実践例（図14.3）を体験してもらった上で、実践に対する忌憚のない意見を共有する時間を持った。「ラウンド・テーブル」後には、「たくさん話せて嬉しかった」、「活動の様子を聞くだけでなく、実践を体験できたのが面白かった」という参加者の声を聞くことができ、私たちはこの方法に手ごたえを感じた。

図14.3　参加者に向けた体験の際に使用した実践

　「ラウンド・テーブル」に参加してからは、その翌日に開催された池田玲子・舘岡洋子両教授の「ピア・ラーニング」に関する特別講義を聞き、それと関連した書籍を読んだことにより、「協働」というものに対する理解が進

216

んだように感じられた。

　そして、菅田と駒澤が授業をデザインする上で、共通して大切にしたいと考えていた「自分のことや気持ちが日本語で言える楽しさ」、そして、「その楽しさをその場にいる者みんなと共有することで生まれる楽しさ」、さらに、「仲間との対話・協力関係」といったいずれの要素も「協働」という言葉で整理できるのではないかということに気づいた。特に、駒澤にとっては、長年、理想としてきた実践に「『協働』というしっくりくる名前が付いた」と感じられる機会となった。

　この時期には、中国で初めてとなる「ピア・ラーニング」に関連する専門書[6]が出版されたこともあり、中国の日本語教育において、「協働」というものが少しずつ盛り上がりを見せていた時期であった。そこで、2014 年 12 月から北京協働実践研究会という「協働」を前面に打ち出した勉強会を定期的に実施することが決まった。

　北京協働実践研究会を運営していくに当たり、「どのような勉強会が求められているのか」という方向性について、私たちも含めた立ち上げメンバーで話し合いを重ねた。立ち上げメンバーの考えとして共通していたのは、「協働」というものには、無数の具体性がありうるものだということであった。そのため、「これこそが協働だ」というような「唯一の正解」があるという立場に立てるとは思えなかった。上述の「ラウンド・テーブル」の際に感じた手ごたえもあり、仮に、「体験[7]」を基盤に据えた勉強会を行うことができれば、「協働の効果とは、このようなものなのか」、あるいは、「この方法なら同じ場に集い、ともに学び合うからこそその効果が期待できる」などと、参加者それぞれが自らの経験を基に考えるきっかけとなると考えた。加えて、自らの現場への応用を考える過程を持つことにより、勉強会の実践と現場の実践をつなぎ合わせ、参加者それぞれが理解を深めていくことが期待できた。そこで、北京協働実践研究会では、「体験」による「学び」と理論的な「学び」という両方の機会の提供を目指すことにした。

　2014 年 12 月の第 4 回勉強会から定期開催がスタートした。最初の 1 年間ほどは、日本語授業の活動集のなかで紹介されている実践例[8]や駒澤自身が

考案した「協働」の要素を持つと考えられる活動を取り上げた。まずは、全員で実践例を実際に体験し、その感想を共有する中で、「協働」というものを考える取り組みが展開された。

図 14.4　活動風景（大学院生の実践案を体験）

　実践例を中心に据えて活動をデザインした背景には、実践の体験を重視する方針を採ったこと以外にも理由がある。それは、参加者の多くを占める日本語教師たちが、すぐに現場の実践で活用できる実践案を求めていた点が挙げられる。勉強会が実践例を学ぶ機会となれば、体験後、参加者各自が「この体験をいかに自己の現場での実践に応用するのか」を考えるきっかけとなり、さらに、自らの現場への応用を考える過程から「協働」とは何かについて考えていくことが期待できたからである。

　再開後、最初の第 4 回勉強会は、参加者に日本語教育の実践経験を持たない大学院生が多かったこともあり、立ち上げメンバー主導で勉強会を進めた。しかし、「立ち上げメンバーが教える→他の参加者が学ぶ」という形の固定は、極力避けたいと考えていた。そう考えていた理由のひとつとして、「開発教育」の分野で提唱されてきた「参画 [9]」という考え方に、駒澤が以前から共感してきた点が挙げられる。この考え方は、各参加者が単に勉強会という場に「参加」するだけではなく、参加者それぞれが「運営の主体」として、活動に「参画」して初めて、その組織は活き活きと運営されるのだという考え方である。

　そこで、続く第 5 回勉強会の前には、「『協働』の要素を持っていると考えられる実践のアイディアを考えてくる」という事前課題を出した。これは、参加者一人ひとりが、自らにとって「協働」とは何かについて考える過程を踏んでほしいと望んでいたからである。実際に、第 5 回勉強会では、参加者それぞれが実践のアイディアの全体共有を行うと、大学院生の参加者から「ただアイディアを発表するだけでなく、みんなでそれをやってみる時間も持ちたい」という声が挙がった。

　そこで、第 6 回、第 9 回、第 10 回の勉強会においては、大学院生の参加者がファシリテーター[10] となり、1 時間〜1 時間半の時間を使い、大学院生自身がデザインした実践案を全体で体験した上で、感想を共有する時間を持った。具体的には、「自己紹介をプレゼンテーションの基本と位置付けた場合、どのような課題を出せば、学習者の自己開示を促すような自己紹介が実現されるのか」という問題意識を基にした「自己紹介活動」の試み、「会話の授業でアフレコ[11]を導入する場合、学習者にどのような配慮が必要なのか」という問題意識を基に、日本語母語話者は中国語のアニメのアフレコを、中国語母語話者は日本語のアニメのアフレコに挑戦するという試みを大学院生の提案を基に行うことができた。

　中には、私たちが提供した実践について、大学院生たちが応用案を示した例も見られた。その応用案を私たち自身が再び体験するという経験から、実践が活用されていく流れを感じ、私たちは勉強会の運営に大きなやりがいを感じることができた。

3　「講師提供型」に加え、「持ち寄り型」への模索

　北京協働実践研究会が定期開催化され 2 年目に入ると、教師の転任、大学院生の修了、新メンバーの参加などにより、参加者の入れ替わりがあった。そのため、初回の勉強会から定期的に参加を続けている参加者は、3 人の立ち上げメンバーのみとなった。そのような状況下における勉強会の計画の際に、新メンバーにも、前年度同様、1 時間〜1 時間半の実践案の提供をお願いすることにためらいを感じた。

運営が 2 年目の後半に入ってからは、徐々に毎回の勉強会の実践案の提供者が私たち立ち上げメンバーに集中してしまい、参加者全員が無理のない形で、実践を提供できるような形式が必要だと認識されるようになった。特に、勤務校の業務にも追われる中で、私たち自身も少しずつ勉強会の運営に負担を感じたことを記憶している。その上で、勉強会の在り方として、導入を決めたのが、テーマを広く設定した「持ち寄り型」の形式であった。この形式の採用に際しては、私たちが勉強会と並行して参加を続けてきた「北京日本語教師会 [12]」における体験が活かされた。特に、駒澤は、北京日本語教師会に 18 年間参加する中で、教師会がある程度、安定的に運営されてきた理由として、所属期間の長いメンバーだけが企画を行うという運営を避けているためであると考えていた。

　そして、「書くことについてみんなで考えてみよう（第 13・14 回）」、「アイディアや想いを持ち寄り、たくさん話そう（第 15 回）」、「日本語教育への道（第 18 回）」と題し、参加者一人ひとりが 5 分〜15 分間の時間を（「担当しない」という選択肢も含め、）無理のない範囲で選び、自由に話してもらうという形 [13] で進めた。

　例えば、第 13・14 回の「書くこと」についてのテーマを取り上げた際の参加者の発表は、多種多様であり、「みんなに伝えたい実践の紹介」、「最近、作文の授業で悩んでいること」、「今後、修士論文で取り上げたいと思っているテーマ」、「学習者から聞かれて答えられなかった質問の共有」といった形で、参加者それぞれが話を持ち寄り、それに対し、他の参加者が意見や感想を言う、励ますなどという光景が見られた。

　その後も初期の勉強会のように、私たちや特定の参加者が主体となる形で、まとまった時間を担当し、実践例を紹介するといった試みも続いている。一方で、テーマを自由に設定した「持ち寄り型」の勉強会を導入して以来、私たち自身が毎回、内容の大部分を準備し、特定の参加者数名に企画決定・発表などを依頼しなければいけないという思いからは解放されたように感じている。

4 「学び合いのコミュニケーション」を目指して 一ブレインストーミングと SNS

執筆時点（2018 年 10 月）で、北京協働実践研究会が定例化してから、3 年 11 ヶ月が過ぎた。振り返れば、3 年目までは、その活動を軌道に乗せること、勉強会の存在を様々な立場の人に知ってもらうことに、主に力を注いできたように感じている。しかし、4 年目に入ってからは、「勉強会の運営をいかに『協働』の形式で行うか」という問いを私たちの問題意識の中心に据え、その解決に向け、実際に行動に移そうと試みた期間でもあった。

この期間における取り組みにおいて、私たちが最も印象深かったのは、「ブレインストーミング[14]（以下、『ブレスト』とする）」を参加者全員で体験、実践してみようとした第 25 回〜第 27 回の勉強会であった。

駒澤は、かつて広告会社に勤務していた時期に、社員の「創造性」を高め、たくさんのアイディアを出し合うという目的で「ブレスト」を実施した経験があった。「ブレスト」には、「質より量」、「自由奔放に発想」、「批判は厳禁」、「（アイディアの）結合発展」という四つの原則があると言われている。このうち、「批判は厳禁」という原則は、安心して自らの意見が言えるという場を作る際の基礎となる要素だと考えられる。それにより、「質より量」と「自由奔放に発想」の原則が活かされ、多くのアイディアの提供が可能になる。さらに、そこで出されたアイディアを「結合発展」させ、新しいものを創造するという流れが起きるのが「ブレスト」であるというのが私たちの理解である。

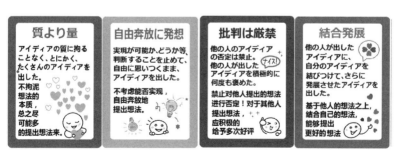

図 14.5 「ブレスト」の実践の際に用意した、4 つの原則を記したカード

そのため、私たちは、「ブレスト」の使い方次第で、勉強会の運営をさらに「協働」に近いものとすることができるのではないか、参加者の意見や思いを共有する手段として活用できるのではないかと考えた。そこで、第25回以降、3回に分けた形で駒澤がファシリテーターとなり、参加者全員が「ブレスト」について、理論的に学び、同時に、実際の体験もしてみるというワークショップを実施した。

また、駒澤は、それと並行する形で、勤務校の会話の授業における教室活動の一環として、現場でも「ブレスト」を実践してみた。それは、教師が学習者に知識を伝えるという形式に偏りがちな授業の中で、「ブレスト」が学習者と学習者の間における学び合いという流れを起こすのではないかと期待したからだった。何よりも、北京協働実践研究会と自らの教室を結びつけた形で「ブレスト」を役立てたかった。

以上のような経緯を経て、連続した3回の勉強会において、「ブレスト」の基礎を学び、体験した後に私たちが感じたのは、学んだ「ブレスト」をさらに応用することが可能なのではないかという思いだった。もともと、北京協働実践研究会では、中国の無料通信アプリ WeChat（中国名：微信）[15] のグループ機能を使い、勉強会の告知が行われてきた。しかし、「協働」やそれを活かした実践に興味を持ってはいたものの、距離的に、あるいは時間的に北京で開催されている勉強会に参加できないメンバーがいた。そのようなメンバーにも気軽に意見を出してもらえないかと考えた時に、SNS のグループ上で「ブレスト」を実施するというアイディアが浮かんだ。さらに、この「ブレスト」を通し、「今後の勉強会にどのような企画を望むのかをグループチャット上に集まったメンバーで決める」という案を思い付いた。

そこで、第28回勉強会では、対面式の勉強会を行うのではなく、開始時間と課題を事前に告知し、参加希望者に、SNS のグループチャット上に同時に集ってもらい、実施することにした。課題は「次回の（対面式の）勉強会では、どのようなテーマを基に、どのような内容を学んでみたいのか」というものであった。これを SNS のグループ上に事前に投げかけた上で、WeChat を使った「ブレスト」の参加希望者を募った。この試みを行う際には、他の

地域で教師コミュニティを運営している知人にも参加を呼び掛けた。その結果、北京以外に、大連、長春、南通、西安、広州、台北、ハノイ、大阪、神奈川、山口といった都市からも参加者があった。

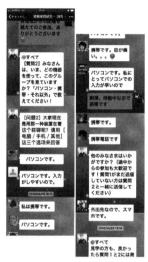

図 14.6　SNS 上での「ブレスト」風景

　当日は、菅田がファシリテーターとなり、まず、「ブレスト」のルールを確認した上で、「自己紹介」、「どの機材を使い、グループチャットを見ているのか」、「いま、どこで、何をしながら参加しているのか」といったアイス・ブレイクを含む 5 段階に分けた課題の投げかけにより、最終的に、「次回の（対面式の）勉強会では、どのようなテーマを基に、どのような内容を学んでみたいのか」という問いを目指す構成で実施された。

　菅田は、発信されたメッセージを受け止め、時には錯綜する内容を整理しながら、チャット上の議論を進行させていった。しかし、初めての試みだったこと、数多くのメッセージが、予想以上のスピードで発信されたこともあり、第 28 回勉強会の終了予定時刻までに、事前に投げかけた課題の議論を終わらせることができなかった。

そこで、その翌週、第 29 回勉強会を同様の形式で再開催した。その際の話し合いの結果、SNS 上に集った参加者のみとはいえ、私たちを含む複数のメンバーの「ブレスト」によって決まったテーマを基に、第 30 回勉強会が開催されることになった。以上のような、第 28 回、第 29 回の非対面式の勉強会を通し、ファシリテーターの役割次第で、SNS 上においても「ブレスト」が可能であることが確信できた。

　第 30 回勉強会を実行に移す上で、それまでの勉強会と根本的に異なったのは、有志の参加者による SNS 上の「ブレスト」で決定されたテーマや実施方法が実行に移された点である。この試みは、「勉強会で何をしたらいいか」というテーマを立ち上げメンバーが中心になって決めることからの脱却を願い、採用した「ブレスト」という方法が初めて実を結んだ出来事だったと言える。「ブレスト」に取り組み、参加者が意見を共有する方法論と SNS のグループチャット機能を組み合わせた実践を行うことを通し、私たちは、勉強会の運営をより「協働」の形にする一案となったのではないかと実感している。

　WeChat を始めとする SNS は、中国国内におけるイベントやコミュニティの運営において、既に広く用いられている媒体である。そのため、今後も情報交換や実践紹介に活用することにより、SNS を活用した「学び合いコミュニティ」の形成に挑戦していきたい。新たな教育機器やテクノロジーの活用は、「対面型コミュニケーション」における距離的な限界と時間的制約を超え、費用の面でもほぼ問題なく、「インターローカルな知（舘岡 2015）」の構築を促進できる可能性を持っている。

　折しも、本稿の校正作業を行っている現在（2020 年 5 月末）、新型コロナウイルス感染症（COVID-19）の影響により、私たちが勤務する北京の高等教育機関においても、遠隔授業への切り替えが行われるとともに、学科会議や学位論文の口頭試問といった学内業務のオンライン化による代替措置が実施されている。また、イベントのオンライン開催を試みる学会・研究会も少なくない。急激な変化を体感する中で、私たちも今後のコミュニティ運営への活用方法について模索を続ける日々が続いている。

5　終わりに

　この 4 年間の北京協働実践研究会の運営を振り返ると、毎回の勉強会は、「協働」をどのように実践していくかの「実験場」としての機能があったように感じられる。私たち自身、新しい試みを「失敗」覚悟で試せる場として、勉強会を位置づけてきた。その結果、「協働」に関する実践案のアイディアに加え、勉強会を運営していく上でのアイディアの「選択肢」も増えていった期間だったように感じられる。活動を行う中で、私たちが得た学びは以下の 2 点に集約される。

> ①コミュニティ運営には、ファシリテーターが果たす役割が重要である
> 点
> ②「学び合いコミュニティ」を目指す試みに終わりはない点

　図 14.7 は、前述の舘岡の図を踏まえ、第 31 回時点における北京協働実践研究会のイメージを私たちなりに表した図である。コミュニティの在り方として、左側から右側へと行きつつ戻りつつしながら、勉強会の運営の選択肢が増える中で活動が進められてきた。コミュニティの中で「協働」が起こっているのか否かということは、必ずしもそのコミュニティの実施形態だけの問題ではなく、それを決める上で、重要な要素となるのがファシリテーターの果たす役割であると考えている。

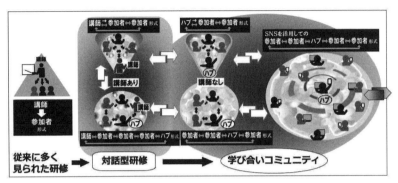

図 14.7　第 31 回時点における北京協働実践研究会のイメージ

　私たちが改めて、そのことを強く感じる契機となったのが、第 16 回勉強会（2016 年 6 月 25 日）での出来事だった。その日の勉強会では、「会話授業におけるディスカッション活動の報告」というテーマで日本人教師をゲスト講師に招き、実践紹介を「講演形式」で行ってもらった。実践紹介が終わると、その日の参加者から次々と講師に向けて質問が発せられた。質問内容としては、講師の実践に関する疑問点に加え、講師の実践への思いを踏まえた上で、参加者それぞれが自らの経験に基づいて語る内容も少なくなかった。そして、聞き手側の参加者同士でも、講演内容をめぐり、悩み、願い、思い、アドバイスといった語り合いが起こり、当初の終了予定時間を 1 時間近くも超過することになった。

　その出来事から、たとえ勉強会が「講師→参加者」の一方向の講演形式を採っていたとしても、講演の内容が参加者の実践を刺激するものであり、かつ、十分な質疑応答の時間が設けられ、参加者同士の発言を容易にする進行の工夫があった場合、結果的に、参加者は「協働」の体験ができるということに気が付くことができた。

　この中でも、参加者それぞれが自由に意見を言い合うことが可能になったのは、ひとえに、ゲスト講師のファシリテーターとして役割の巧みさにあった。例えば、率先して発言する教師の質問に答えるだけでなく、その日、あまり発言が見られなかった新規の参加者や大学院生の参加者に対し、逆に声

をかけた上で、質問を引き出すといった配慮が見られた。また、参加者側に
も、まずはファシリテーターを務める講師の指示や計画に従い、積極的に得
られた機会を活かそうとする姿も見られた。このように発表者である講師に
も、聞き手である参加者にも、互いの思い、意見、感想を共有し、学び合お
うという気持ちがあった場合には、参加者が「協働」していると感じられる
空間が生まれるのではないだろうか。

　次に言えるのは、「学び合いのコミュニティ」を目指す試みに終わりはな
いということである。大河内（2015）は、Mitchell & Sackney（2011）を引
き、教師には、「個人の能力（personal capacity）」、「個人間の能力
（interpersonal capacity）」、「組織の能力（organizational capacity）」
という三つの能力を構築していくことが求められていると述べている。これ
ら三つの能力は、互いに切り離すことができず、境界も明確ではない。コ
ミュニティの中で教師を捉えた場合、教師とは教室実践を越えて生活し、学
び、働き、「個人の能力」、「個人間の能力」、「組織の能力」を積極的に構築
できる存在だと考えられる。そして、教師がこれらの能力を構築していくこ
とが、結果として、コミュニティ[16]に参加する人々の生活と経験の質の向上
につながっていく。

　今後の課題としては、以上に述べたような三つの能力を参加者が構築でき
る助けとなるようなコミュニティ作りの継続を挙げたい。そのためには、具
体的な実践のアイディアの共有に加え、いかに「協働」でコミュニティを運
営できるかという問題そのものも、なるべく多くの参加者の思いが活かせる
方法で考えていきたい。加えて、その問題そのものについても、参加者がア
イディアを出し合うことにより、解決が目指せるのではないかと考えている。

　もちろん、参加者により、「北京協働実践研究会にどのように関わりたい
のか」という度合いは同じではないだろう。そして、参加者全員が同程度に
「参画」を望むことはあり得ない。また、現実問題として、全員が同程度に
「参画」できるわけでもない。さらに、SNS を活用し、勉強会のオンライン
開催を目指す場合、オンラインプラットフォームを通して、どのようにアイ
ディアを募り、「参画」へとつなげていくのかといった意思決定の過程に関

227

しても、模索を続けていく必要性を感じている。

　しかし、今後も、いかに「協働」でコミュニティの運営を続けていくのか、いかに「協働」を実践し、実践を体験することを通して考えていくのかという基本方針には変化がないだろう。

　コミュニティの成員が歩みを続けていく限り、そのコミュニティにも「これが完成形だ」というものは存在しない。私たちも含めた参加者それぞれが学びを得られるコミュニティとするための、たゆまぬ歩みを続けていく過程がいま、この瞬間も続いているとは言えまいか。そのようなことを考えながら、今後も地道に活動を続けていきたいと考えている。

注

1.　なお、本稿では、筆者 2 人の経験や思いをより伝えやすくするため、その二人称を「私たち」とすることを予め述べておきたい。

2.　筆者 2 人のプロフィール：菅田は、2012 年に初任日本語教師として、北京市に隣接する河北省の大学の日本語学科に着任した。その後、上海市、北京市と職場を変え、日本語教師を続けている。駒澤は、1996 年から、2 年の中断期間をはさみ、20 年以上にわたり、天津市・北京市において、日本語教師として日本語教育に携わっている。菅田と駒澤は、2012 年に「北京日本語教師会」という日本語教師による情報交換や定例会を目的とした教師コミュニティで出会い、実践に関する意見交換を行う間柄となる。

3.　「対話型研修」では、二つの段階が想定されている。(a) は講師が場を提供しつつも、参加者同士の対話からなる研修で、ワークショップ型の研修がこれにあたる。それに対し、(b) は、参加者と講師が互いに自らの課題を持ち寄り、協働的な解決を目指していこうとするものである。この時、講師と参加者たちをつなぎ、参加者をまとめる「ハブ (hub)」となるつなぎ役（図中の▲）が必要となることが想定される。

4.　2011 年には、不定期開催の読書会（第 1〜3 回勉強会）が計 3 回実施された。なお、菅田はこの 3 回には参加していない。

5.　無償で会場の貸与を受けられるため、参加費は無料としている。なお、勉強会の開催にあたっては、無料通信アプリや日本語教師を対象としたメーリングリストを利用した告知を行っている。

6.　2014 年には、池田・舘岡・朱・林（2014）『日語協作学習理論与教学実践』が中国・高等教

228

育出版社から出版された。

7. 特に、駒澤は、日本語教育に取り組む前に携わっていた「開発教育」の分野の知見を積極的に日本語教育に取り入れ、実践を続けてきた。そのため、「参加型学習」に代表される、学習者の社会参加を狙いとして、学習というものを捉えようとする立場に大きな親和性を感じており、普段から、積極的に自らの日本語の授業に「体験」という要素を取り入れることを重視していた。

8. 例えば、「ジグソー・リーディング」の内容を参加者全員で体験してみる時間を持った。

9. 駒澤が「開発教育」を通して、「参画」の概念を学んだ際に、最も影響を受けたのがハート（1997/2000）であった。ハートは、子どもと地域コミュニティとの関わりについて論じる際に、「参画」という言葉を用いている。それは、子どもが主体的にコミュニティに関わる「参画」があってこそ、民主主義というものが理解され、コミュニティも含めた地域全体に民主主義が根付くという考えである。駒澤は、この考えに共感していたため、北京協働実践研究会においても参加者が主体的に活動を企画する機会を作りたいと考えた。そのことが参加者の「協働」の理解を促すことになれば、北京協働実践研究会における「協働」の実現につながるのではないかと感じていた。

10. 本稿では、「話し合いを『容易にし、促進する』役割を担う人」、「グループの中の一人ひとりが持っている豊かな経験・アイデア・意見を『引き出し』、皆が等しく参加できるようにする人」、「全員参加型の話い合いを通して、（中略）『発見』し、『気づき』をもたらすことを可能にする役割（エコ・コミュニケーションセンター　2000:6）」を持った人だと定義する。

11. 「アフレコ」とは、アフター・レコーディング（after recording）の略で、アニメ、ドラマ、映画などの撮影の際に、セリフを同時録音せず、後から録音することを指す。言語教育の現場でも、動画に合わせ、目標言語の声を当てる実践が行われている。

12. 北京日本語教師会は、北京市または北京近郊で日本語教育に関わる者の自主的な集まりである。毎月の定例勉強会では、日本語教育についての情報交換が行われ、また、互いの教育技術を研鑽し合うことを目的とした活動が行われている。北京協働実践研究会の勉強会の後の時間に、同会場で開催されることも多いため、両方の勉強会に参加する者も多く見られる。

13. 共有の際に、資料の用意が必要だと考える参加者には、発表内容を A4 一枚程度にまとめ、

参加者の人数分をコピーしてきてもらい、配布した上で話をしてもらった。

14. ブレインストーミングの原則に関しては、提唱されている内容や表現が書籍や提唱者により、異なる場合があるものの、川喜多（1967）を参考に述べれば、おおむね図 14. 5 で示した 4 原則に集約できる。図 14. 5 の日本語の最上部の見出し部分は、各原則を 1 行で簡潔に表現したものである。なお、その下の解説部分は現場において、内容を短時間で把握してもらうため、駒澤が整理を行い、中国語でも同様の内容を記した。

15. WeChat とは、中国の大手 IT 企業テンセントが開発した大規模グループチャット型 SNS であり、インターネット電話やテキストチャットなどが無料で利用可能なアプリケーションである。データファーム（2015）によると、WeChat は、2011 年 1 月にサービスが開始され、2015 年 2 月の時点で加入者数は 11 億 2 千万人、月間アクティブユーザー数は、5 億人まで拡大している。中国の日本語教師や日本語学習者にとって、非常に身近なコミュニケーションツールであると言える。

16. 大河内（2015）では、「専門職の学習共同体（Professional learning community）」という概念が紹介されている。Hord（1997）によれば、その構成要素としては、共有された価値観とビジョン、リーダーシップの共有、支援的条件、個人の実践の共有、集団的な学びとその応用の五つが挙げられる。

参考文献

池田玲子・舘岡洋子・朱桂栄・林洪編（2014）『日語協作学習理論与教学実践』高等教育出版社

石黒広昭（1998）「心理学を実践から遠ざけるもの―個体能力主義の興隆と破綻」佐伯胖・佐藤学・宮崎清孝・石黒広昭『心理学と教育実践の間で』pp. 103-156、東京大学出版会.

エコ・コミュニケーションセンター（2000）『新版ファシリテーター入門』エコ・コミュニケーションセンター.

大河内瞳（2015）「Professional learning community における教師の学び ―タイの大学で教える日本語教師のケース・スタディ―」『阪大日本語研究』27 号、大阪大学大学院文学研究科日本語学講座、pp. 195-221.

岡崎敏雄・岡崎眸（1997）『日本語教育の実習―理論と実践』アルク.

川喜田二郎（1967）『〈中公新書〉発想法―創造性開発のために』中央公論社.

ショーン， D.（2001）佐藤学・秋田喜代美（訳）『専門家の知恵―反省的実践家は行為しなが

ら考える』ゆみる出版（Schön, D. A. (1983). The reflective practitioner: How professionals think in action. New York: Basic Books.）

舘岡洋子（2015）「日本語教育における質的研究の可能性と挑戦―『日本語教育学』としての自律的な発展をめざして」舘岡洋子（編）『日本語教育のための質的研究入門―学習・教師・教室をいかに描くか』pp. 3-26、ココ出版.

舘岡洋子（2016）「『対話型教師研修』の可能性―『教師研修』から『学び合いコミュニティ』へ」『早稲田日本語教育学』21号、早稲田大学大学院日本語教育研究科、pp. 77-86.

データファーム（2015）『WeChat・微信（ウェイシン）公式アカウントガイド BOOK ―WeChatプラットフォーム「公共平台」を徹底紹介［Kindle 版］―』データファーム.

ハート, R.（2000）IPA 日本支部訳（木下勇・田中治彦・南博文監修）『子どもの参画―コミュニティづくりと身近な環境ケアへの参画のための理論と実際―』萌文社（Hart, R. (1997). *Children's participation: The theory and practice of involving young citizens in community development and environmental care.* London: Earthscan Publications）.

Hord, S. M. (1997). *Professional learning communities: Communities of continuous inquiry and improvement.* Austin, TX: Southwest Educational Development Laboratory.

Mitchell, C., & Sackney, L. (2011). *Profound Improvement: Building learning-community capacity from living systems principles* (2nd ed.). London, UK: Taylor & Francis.

おわりに

　池田・舘岡の共著による日本語教育のピア・ラーニング入門書を出版した
のは 2007 年のことだった。あれからすでに十数年が経過し、日本語教育の
ピア・ラーニングへの理解はすでに国内では広く浸透しているように感じら
れる。教育現場での協働学習（ピア・ラーニング）の取り組みも今やそれほ
ど珍しい印象をもたれることはない。その意味では、小グループによる対話
活動を取り入れ、答えが一つではない課題の学習活動が入る授業は、日本語
教育ではむしろ一般的な学習風景になってきたといえるのではないだろうか。

　しかし、国内以上に学習者数の多い海外の日本語教育現場ではどうかとい
えば、ピア・ラーニングや協働学習という用語は海外ではほとんど認知され
ておらず、ごく少数の現地教師が知るのみである。実際、2018 年に訪問し
たインドネシア、フランス、2019 年 3 月の成都（四川省）での日本語教師研
修会でもこのことを実感させられた。

　筆者らが書いた 2007 年の入門書の出版前後の時期に、協働実践研究会の
主要メンバーは、幸いなことにこの入門書をもとにした国内の日本語教師研
修会の場で頻繁に発信の機会を得ることができた。かつて日本語教育学会が
現職日本語教師を対象として毎年定例開催していた集中型教師研修会では、
3 年連続で協働学習（ピア・ラーニング）が企画テーマとして取り上げられ
たこともある。その後も短期研修やその他の研修でビジネス日本語教育の
「ケース学習（協働学習の概念に基づく学習）」が何度か研修テーマとなっ
ている。海外へも 2004 年の南米での国際交流基金の巡回セミナー以後、ア
ジアをはじめとするいくつもの海外各地域へ出向き、現地の日本語関連学会
や日本語教師会などを通じて紹介してきた。ところが、入門書が出版されて
からしばらくした後にも、この本の内容は「読んだだけではよく分からない」
という声が筆者らに絶えず聞こえてきていた。そこで、入門書の出版後も国
内外の各地で教師研修や議論の場づくりを可能なかぎり行ってきた。

海外の中でもとくに日本語学習者が多い中国や台湾、韓国でも、ほぼ同時期に現地の学会が企画する研修会に、協働学習のテーマが連続して取り上げられてきた。ただし、海外での発信の機会の多くは、「講演」の形式をとるものであった。当時はこうした場において、時間を要するワークショップを組み込むことはなかなか難しい状況にあったからである。そこで、ここ数年間は、筆者ら自らが海外各地域の実践現場まで出向き、これまで参加の難しかった海外地域の現地教師たちを対象として、協働学習をテーマとしたワークショップ型の教師研修会を開催してきた。そうした筆者ら協働実践研究者たちの現地活動に対し、現地教師たちはこれを積極的に受け入れ、教師自らも主体的に研鑽を重ねてきたことにより、やがて海外各地に日本語教師のための協働実践研究の場が生みだされることになった。

　本書に掲載した報告論文は、2010 年から 2019 年までの日本語教育の協働実践研究プロジェクトの報告である。本プロジェクトがアジアを中心とした海外地域の教師のための協働実践研究の場づくりのアプローチをすることで、現地の実践者たちがそれぞれの背景を踏まえた独自の教育実践の変革を自ら起こしていくプロセスを報告したものである。

　国内、海外を問わず、日本語教育がグローバル化の中での予測不可能な社会に生きる人間のためのコミュニケーション教育だからこそ、常にこの教育に関わる多様な存在の視点が反映されるよう、教育現場は改善・改革をしていく必要がある。海外地域にはそれぞれの文化社会の歴史を背景とした教育実践の場があるのだから、単に日本の新たな教育理論や提案をそのまま持ち込んだだけで、それが現地にそのまま適合していくものではない。海外現地での日本語教育実践の改革が、今後もさらに現地の事情にそくしたかたちで開発されることで、より効果的な展開を遂げていくために、本書が貢献することを祈りたい。

池田玲子

謝辞

　本書の出版は、協働実践研究会の海外ネットワーク構築プロジェクトのメンバーおよび海外の協働実践研究会（中国、台湾、韓国、マレーシア）と協働実践研究会海外支部（タイ、モンゴル、インドネシア）の関係者からの研究協力なしには着手することはできませんでした。本プロジェクトメンバーが海外で研究活動を進める際には、現地の日本語教育関係者から非常に多くのサポートをしていただきました。海外拠点メンバーの所属大学関係者、海外各地の国際交流基金事務所、JICA 事務所の日本語教師やスタッフの方々にもたいへんお世話になりました。現地での研究会や教師研修会の会場をご提供くださったり、開催までの煩雑な準備作業をサポートしてくださったり、当日の事務作業まで補助していただきました。ここに改めて関係者のみなさまに感謝の意を表します。

　最後に、本書をまとめるにあたり、出版の計画段階から編集まで一貫して貴重なアドバイスをくださった「ひつじ書房」の松本功さまには心より感謝いたします。また、編集作業を進める中で出てくる細かい疑問点に、その都度丁寧にお答えくださった丹野あゆみさまにも感謝いたします。本書の校正段階になってからは、ロクサナ・パラダ・ハコさま（元鳥取大学国際交流センター特任准教授）には、限られた時間の中で多くの作業を補助していただきました。心より感謝申し上げます。

2021 年 1 月 24 日　　　　池田玲子

執筆者一覧

【編著者】

池田玲子（いけだ れいこ）**序章、第1章、第2章、第12章**

　　鳥取大学教授、元東京海洋大学、お茶の水女子大学

【著者】

舘岡洋子（たておか ようこ）**第3章**

　　早稲田大学教授、元東海大学、アメリカ・カナダ大学連合日本研究センター

朱桂栄（シュ ケイエイ）**第4章**

　　北京外国語大学・北京日本学研究センター准教授

羅曉勤(ラ ギョウキン)**第5章、第11章、第12章**

　　銘傳大学副教授（台湾）

荒井智子（あらい ともこ）**第5章、第12章**

　　文教大学准教授、元銘傳大学（台湾）、大葉大学（台湾）

張瑜珊（チョウ ユサン）**第5章、第11章、第12章**

　　東海大学助理教授（台湾）、元大葉大学（台湾）

金志宣（キム チソン）**第6章**

　　梨花女子大学教授（韓国）

สุณีย์รัตน์ เนียรเจริญสุข（スニーラット・ニャンジャローンスック）　**第7章**

　　タマサート大学准教授（タイ）

Найдангийн Баярмаа（ナイダン・バヤルマ）**第8章**
　　モンゴル国立教育大学（モンゴル）

木村かおり（きむら　かおり）**第9章**
　　マラヤ大学上級講師（マレーシア）、元早稲田大学

Arianty Visiaty（アリアンティ・ヴィシアティ）**第10章**
　　アル・アザール大学（インドネシア）

金孝卿（キム　ヒョギョン）**第11章**
　　早稲田大学准教授、元大阪大学、国際交流基金

トンプソン美恵子（トンプソン　みえこ）**第11章、第12章**
　　山梨学院大学准教授、元帝京大学、早稲田大学

房賢嬉（バン　ヒョンヒ）**第12章**
　　東北学院大学准教授

小浦方理恵（こうらかた　りえ）**第12章**
　　麗澤大学講師

近藤彩（こんどう　あや）**第13章**
　　麗澤大学教授、元政策研究大学院大学

菅田陽平（すがた　ようへい）**第14章**
　　北京第二外国語大学講師

駒澤千鶴（こまざわ　ちづる）**第14章**
　　北京大学外国籍教師

研究会紹介

　「協働実践研究会」は 2010 年 9 月に設立されました。当初、発起人である舘岡洋子、池田玲子、近藤彩、金孝卿、岩田夏穂の 5 名に加え、原田三千代、房賢嬉、齋藤ひろみ、トンプソン美恵子、広瀬和佳子、小浦方理恵、鈴木寿子の計 12 名が運営メンバーとなり、研究活動を開始しました。会員数は 329 名です（2020 年 10 月現在）。

　本研究会は、2007 年に出版された池田玲子・舘岡洋子による『ピア・ラーニング入門―創造的な学びのデザインのために』（ひつじ書房）をきっかけに、ピア・ラーニングの研究と実践、またその基本にある協働の考え方について、多様な実践をとおして検討することをめざして発足しました。

　本研究会の目的は、日本語教育において協働の考え方にもとづく実践研究を進めていくことです。具体的な課題は次の三つを掲げてきました。

（１）教師間の協働、教師と専門家との協働など、教育現場における協働の実践研究と理論構築
（２）ピア・ラーニング（教室での協働学習）の実践研究と理論構築
（３）上述の研究を進めるためのネットワーク作り

　本研究会は日本での設立と同時期に、中国（北京）、台湾、韓国、タイに海外研究会支部を設立しました。その後は、研究会の課題（３）に掲げた協働実践のネットワーク構築の課題に取り組み、国内と海外において協働実践をテーマとした講演、ワークショップ、教師研修会、研究大会を実施してきました。これにより、国内では愛媛支部、海外には、「中国協働実践研究会」、「台湾協働実践研究会」、「韓国協働実践研究会」、「マレーシア協働実践研究会」と、海外支部として、モンゴル、中国（大連）、中国（重慶）、中国（浙江）、中国（青島）、中国（成都）、インド、インドネシア、キルギス、ベトナム（ハノイ、フエ）ができています（http://kyodo-jissen-kenkyukai.com/）。

海外での研究会支部設立により、日本語教育の協働実践研究は第二言語とし
ての日本語教育（JSL）だけでなく、「外国語としての日本語教育（JFL）」の課
題をもとに、アジアをはじめとした海外現地の実践研究者たちの活発な実践研
究が進められるようになりました。近年のアジアにおける急激なグローバル化
現象に鑑み、各地域の協働実践研究を互いに共有し、各地域のメンバー同士が
協働することで、グローバル社会のためのより多面的かつ統合的な協働実践の
ありかたを追究していく段階にあります。本研究会は、異なった者たちが協働
することで複雑かつ困難な課題を解決し、新たなものを生み出していく可能性
の追究のために、今後も実践研究を進めていきます。

協働実践研究会代表

池田玲子・舘岡洋子

アジアに広がる日本語教育ピア・ラーニング
—協働実践研究のための持続的発展的拠点の構築

Peer Learning for Japanese Language Education:
Building a sustainable and developmental platform
for practical research on collaboration
The Society for Research on Collaboration in Language Learning
Edited by Reiko Ikeda

発行	2021 年 2 月 24 日　初版 1 刷
定価	3000 円＋税
編者	©協働実践研究会　池田玲子
発行者	松本功
装丁者	iMat
印刷・製本所	株式会社 シナノ
発行所	株式会社 ひつじ書房

〒 112-0011 東京都文京区千石 2-1-2 大和ビル 2 階
Tel.03-5319-4916　Fax.03-5319-4917
郵便振替 00120-8-142852
toiawase@hituzi.co.jp　https://www.hituzi.co.jp/

ISBN978-4-8234-1088-8

ピアで学ぶ大学生の日本語表現［第2版］
プロセス重視のレポート作成

大島弥生・池田玲子・大場理恵子・加納なおみ・高橋淑郎・岩田夏穂著
定価 1,600 円＋税

ピアで学ぶ大学生・留学生の日本語コミュニケーション
プレゼンテーションとライティング

大島弥生・大場理恵子・岩田夏穂・池田玲子著　定価 1,500 円＋税

ピア・ラーニング入門　創造的な学びのデザインのために
池田玲子・舘岡洋子著　定価 2,400 円＋税